ROWOHLT

BERLIN

Unda Hörner

Lauren Bacall und Humphrey Bogart

Gangsterbraut im Seemannsgarn

Rowohlt · Berlin

PAARE Herausgegeben von Claudia Schmölders

1. Auflage März 1999

Umschlaggestaltung Walter Hellmann
(Foto: Ullstein Bilderdienst)
Satz Berling PostScript QuarkXPress 3.32
Gesamtherstellung Clausen & Bosse, Leck
Printed in Germany
ISBN 3 87134 357 9

Inhalt

«They need their escape and so do I
I'm their saviour
that's what they call me
so Lauren Bacall me
anything goes
to make me fantastic
I have to be rainbow high
in magical colours.»
Rainbow High aus *Evita* (1976)

«Mit einem entschlossenen Griff bog Hubert die Krempe herunter, dann erst bemerkte er das lächelnde, nein, triumphierende Gesicht des Hutverkäufers im Spiegel.
Er war versucht, den Hut abzunehmen, doch er ließ ihn auf, sagte: Ich nehme ihn.
Er steht Ihnen vorzüglich, bemerkte der Verkäufer. Sie sehen ein wenig aus wie Humphrey Bogart.
Wie Humphrey Bogart, hatte der Mann gesagt. Hatte er ihn lächerlich machen wollen oder war es eine Anerkennung?»
Peter Härtling, *Hubert oder Die Rückkehr nach Casablanca* (1978)

Vorwort

Ende der siebziger Jahre erschien einer meiner Freunde eines Morgens mit Hut und Trenchcoat in der Schule. Das verlieh ihm etwas herb Männliches. Die Mädchen staunten. Als ich Lothar dann zu Hause besuchte, empfing mich in seinem Zimmer ein mannshoher Standy aus Karton. Es war Humphrey Bogart in Hut und Trenchcoat. In der rechten Hand hielt er eine Knarre. Eine Waffe führte der Freund freilich nicht bei sich, und ganz im Gegensatz zu Humphrey Bogart war er strikter Nichtraucher, dafür kannte er alle Sprüche auswendig, die er in Bogart-Filmen gehört hatte: «Ich schau dir in die Augen, Kleines» oder «Ich halte für niemanden den Kopf hin», und zitierte sie bei jeder passenden und unpassenden Gelegenheit.

Bald schon waren Bogarts rauhe Herzlichkeiten im Originalton zu hören. In vielen Kinos liefen Retrospektiven; *Casablanca*, der Klassiker, lief sogar auch im Fernsehen. Ingrid Bergman und Humphrey Bogart gaben darin ein zauberhaftes Paar ab. Man konnte sie kaufen, aufgedruckt auf einem Regenschirm oder auch ganz einfach auf Filmplakaten, die damals reißenden Absatz fanden. Bogart sitzt vor einer fast geleerten Whiskyflasche, und hinter ihm erscheint im strahlendweißen Gewand, wie eine Fee, Ingrid Bergman als Ilsa, seine unglückliche Liebe, derentwegen er sich betrunken und den Aschenbecher vollgequalmt hat. Mit *Casablanca* wurde Humphrey Bogart zur Kultfigur: Hut, Trenchcoat und Zigarette, einen coolen Spruch auf den Lippen, auch dann noch, wenn er offensichtlich leidet und diesen traurigen Hundeblick hat – Bogart, der melancholische Macho.

Durch *Casablanca* wurden Humphrey Bogart und Ingrid Bergman zu einem unsterblichen Kino-Traumpaar, untrennbar miteinander verbunden wie Clark Gable und Vivien Leigh seit *Vom Winde verweht* oder das Tanz-Duo Fred Astaire und Ginger Rogers, die sich im richtigen Leben kaum riechen konnten. Auch die Liebenden aus *Casablanca* gingen nach den Dreharbeiten lieber wieder getrennte Wege.

In *The Big Sleep* [Tote schlafen fest] agierte eine andere Frau an Bogarts Seite. Sie war weniger anschmiegsam als die Bergman, eine kühle Blonde, die mit ähnlich tiefer Reibeisenstimme sprach wie Bogart selbst, und sie stand ihm an Schlagfertigkeit in nichts nach. Diese messerscharfe Schauspielerin mimte nicht nur auf der Leinwand Bogarts Geliebte, sie war es auch wirklich. Lauren Bacall war zwölf Jahre lang seine Ehefrau, zwischen 1945 und 1957. Sie war um einiges jünger als der Star, fünfundzwanzig Jahre, und sie hatten sich bei den Dreharbeiten zu einem anderen Film kennengelernt, *To Have and Have Not* [Haben und Nichthaben].

Bald stand in den Regalen der Buchhandlungen eine stattliche Reihe der Detektivromane von Dashiell Hammett und Raymond Chandler in gelb-schwarzen Einbänden. Der Verlag, der sie herausgab, hatte sie seinerzeit mit neuen, zugkräftigen Titelbildern versehen: viele Szenenphotos aus *The Big Sleep*, auf denen Bogart als der Prototyp des einzelkämpferischen Detektivs zu sehen war und Lauren Bacall als die selbstbewußte Heroine des Film Noir der vierziger Jahre. Selbst noch auf Romanen, die gar nicht mit Humphrey Bogart und Lauren Bacall verfilmt worden waren, konnte man sie sehen – als Paar verkörperten sie gemeinsam die Atmosphäre der Geschichten dieser schwarzen Romanreihe.

Natürlich hatten wir damals andere wichtige Idole, allen voran Woody Allen, der mit *Play it Again, Sam* [Mach's noch einmal, Sam] eine zünftige Bogart-Parodie hingelegt hatte: Nach dem dritten Whisky pur stand er schwankend an der

Bar und mußte sich an seinen Saufkumpanen festhalten. Man sollte schon sehr trinkfest sein, um mit dem Vorbild mithalten zu können, auch wenn Woody Allen, cool wie Bogart, behauptete, es gäbe nichts, was man nicht mit einem Drink aus der Welt räumen könne.

Woody Allen hat in Szene gesetzt, was am Macho-Vorbild funktionierte: Wie vielen schüchternen Jungs galt auch dem jugendlichen Woody Allen Humphrey Bogart als ausgesprochenes Vorbild an Männlichkeit: «Ich ging wie Bogart, ich sprach wie Bogart, indem ich die Lippe verzog und sagte: ‹Nein, danke, Liebling. Oh, du bist gut, du bist wirklich gut.›» Als Woody Allen in einem Werbespot das Gesicht eines Mimen namens Jerry Lacy entdeckte, einem Bogart-Double, engagierte er diesen auf der Stelle für seinen nächsten Film: *Play it Again, Sam.* Dem von Selbstzweifeln zerfressenen Protagonisten, dem Filmkritiker Allan Felix – gespielt von Allen selbst –, erscheint in den selbstbewußteren Momenten seines Lebens ein Humphrey Bogart, der ihm gut zuredet: Die Frauen seien überhaupt nicht so kompliziert, wie er denke. Das Bogart-Phantom, auch als undeutlicher Schemen im Hintergrund noch unverkennbar durch die Markenzeichen, Borsalino und heller Trenchcoat, taucht als zuverlässiger Berater in Sachen Männlichkeit immer wieder vor den Rendezvous auf und redet dem Verschüchterten gut zu. «Du schaffst es schon!» Und tatsächlich gelingt dem so angefeuerten Woody-Allan schließlich eine Annäherung an die Auserwählte: «Los jetzt, küß sie! Sag ihr, daß du sie liebst, sie frißt es!»

Und die Mädchen fraßen es wirklich. Es war kein Zufall, daß Humphrey Bogart in den siebziger Jahren sein großes Comeback hatte, in einer Zeit, in der die Männer ihre Männlichkeit verteidigen mußten – es aber ratsamer war, wenn sie es bleiben ließen. Der Softie nämlich stand hoch im Kurs, nur bei ihm war eine Frau angeblich in guten Händen. Aber seltsamerweise hatte niemand in meiner Klasse soviel Erfolg bei den Mädchen wie dieser kompromißlose Leinwandmacho, der zupackte, statt inbrünstig zu streicheln, und der überhaupt nichts ausdiskutieren wollte, sondern mit schneidender Stimme vorbrachte, was er wollte, nicht nur von seinen Gangstergegnern, sondern auch von seinem weiblichen Gegenüber.

Warum konnte ausgerechnet ein so sperriger Typ wie Humphrey Bogart eine solch erotisierende Wirkung auf Frauen ausüben? Nun, er war der Typ Mann, der offenbar schon alles erlebt hatte, vom Leben vollkommen desillusioniert war und nichts mehr zu verlieren hatte. Das sprach bei Frauen einen gewissen Helferinstinkt an: «Da hol ich ihn raus! Meine Liebe kann ihn retten!» Humphrey Bogart, das war der Mann als Aufgabe. Schließlich lagen die Frauen in seinen Armen, nicht weil sie sich seiner Überlegenheit ergaben, sondern weil zwei ein Duell gewonnen hatten – ein Rededuell, in dem es vor Erotik nur so knisterte.

Auch mein guter Lothar hatte, seit er diesen Trenchcoat trug, verdammt wenig Zeit.

Schon 1959 hatte ein Regisseur seine Hommage an Humphrey Bogart in einem Film dargebracht: Jean-Luc Godard ließ den jungen Jean-Paul Belmondo in *A bout de souffle* [Außer Atem] auftreten, der sich ebenso wie Bogart immer wieder mit dieser typischen Handbewegung über die Oberlippe fährt. Dann bleibt er vor einem Kinoplakat stehen und seufzt nur «Bogie ...». Bogart wurde immer mehr zu einem Mythos, wurde unsterblich auf zahlreichen Darstellungen wie dem verfremdeten, mit lauter Hollywoodstars garnierten Gemälde von Edward Hopper, *Night Hawks*. In der typischen Haltung von Rick Blaine sitzt Humphrey Bogart hier im Nachtlicht am Tresen einer Bar, vor sich den obligatorischen Drink. Dann wurde Bogart auch noch literaturfähig, mit Peter Härtlings Roman *Hubert oder Die Rückkehr nach Casablanca* aus dem Bogart-Renaissance-Jahr 1978. Den

Identitätsverlust einer ganzen Generation trägt darin ein Protagonist, der sich Bogart-Filme anschaut und in der typischen Kluft nach seiner Männlichkeit sucht. Die Gruppe Little Feat konjugierte den Namen Bogart als Verb: «Don't bogart that joint, my friend ...», wohl ein Hinweis darauf, einen Joint nicht bis zum bitteren Ende zu rauchen. «We had it all, just like Bogey and Bacall» hieß der Refrain eines schön-schnulzigen Popsongs in den achtziger Jahren, und Mediziner sprechen sogar vom ‹Bogie-und-Bacall-Syndrom›, kurz BBS, als Terminus technicus für abnorm tiefe Stimmen.

1997 erschien eine Bogart-Biographie, die als das verläßlichste, am besten recherchierte und am wenigsten wertende Kompendium seiner Vita gelten darf: *Bogart* von Ann Sperber und Eric Lax. Die meisten Biographien über Humphrey Bogart verfahren anders: Entweder sie hegen und pflegen die schöne, romantische Geschichte, so wie Joe Hyams, Hollywood-Berichterstatter der *New York Times* und enger Freund der Bogarts, in seiner Paar-Biographie *Humphrey Bogart und Lauren Bacall*, oder sie wollen rigoros mit dem Mythos aufräumen, so wie es Andrea Thain und Michael O. Huebner in *Humphrey Bogart. Der Mann hinter der Maske* versuchen – ohne dabei zu bedenken, daß es der Mythos ist, von dem Hollywood vor allem lebt. Denn statt der Wahrheit eines Schauspielerlebens auf die Schliche zu kommen, die sowieso keiner genau erfahren wird, erschaffen sie nur neue Legenden. Der Spieß wird bloß umgedreht, und um der Romantik den Garaus zu machen, wird die Ehe zwischen Bogart und Bacall zu einem Fall kühler Berechnung der karrierelüsternen, jungen Schauspielerin, die sich dem Superstar an den Hals wirft.

Interessanter als eine vermeintliche Wahrheit, die doch bloß aus überlieferten Anekdoten destilliert wird, ist die Mythenbildung um den Trenchcoatträger. 1993 wurde Humphrey Bogart von der Zeitschrift *Entertainment Weekly* zur größten Filmlegende aller Zeiten gekürt. «Filmstars kommen und gehen», schreibt Ezra Goodman in seinem Bogart-Buch, «und wenn sie einmal verschwunden sind, versinken die meisten von ihnen in Vergessenheit. Nehmen Sie nur selbst so große Namen wie Gary Cooper und Clark Gable. Man hört nicht mehr viel von ihnen.» Vergleichbar mit der Bogart-Legende ist vielleicht nur die Legende von Marilyn Monroe, dem Prototyp blonder Naivität, der die medienwirksamen Metamorphosen eines Popstars wie Madonna bis heute inspiriert.

So wie am Mythos der Schauspieler geflickt und gesponnen wird, so werden auch die Filmgeschichten fortgeschrieben. In einem Roman, *As Time Goes by*, unter dem deutschen Titel *Für immer Casablanca* erschienen, werden Rick und Ilsa am Ende doch noch einander zugeführt: «‹Cheers›, sagt Rick und hebt das Glas. – ‹Ich schau dir in die Augen, Kleiner›, sagt Ilsa Blaine.»

Die sogenannten Wahrheiten über einen Star bilden neue Legenden, die sich allesamt dem Image anlagern – ein Dilemma, dem die Biographie als ein Genre der Geschichtsschreibung nicht entgehen kann. So läßt sich der Flut von Literatur über Bogart und Bacall keine endgültige Wahrheit entnehmen, wohl aber die erstaunlich lange Faszination durch den Filmstar und durch das Paar.

Baby Bogie

Über das Geburtsdatum von Humphrey De Forest Bogart wurde immer wieder reichlich spekuliert. War es der 23. Januar 1900 oder der Heiligabend des Jahres 1899? Egal, denn auch das Geburtsdatum gehört zum Mythos des Stars – die biblische Sternstunde ist einfach sensationell, und dabei blieb es in der Publicityabteilung der Warner Brothers dann auch. Über Bogarts Geburtsort herrschen indessen keine Zweifel: Er ist ein waschechter New Yorker, geboren im Herzen von Manhattan. Sein Vater war ein angesehener Chirurg mit einer Praxis in einer besseren Gegend, in einem Haus in der 103. Straße West in der Nähe des Central Park, wo die Bogarts auch wohnten. Die Mutter betätigte und bestätigte sich als Malerin und Buchillustratorin. Maude Humphrey – Humphrey war ihr Mädchenname – brachte ihre Zeichnungen auch erfolgreich in verschiedenen New Yorker Zeitungen unter. Eine Skizze, die sie stolz von ihrem neugeborenen Sohn anfertigte, schickte sie auf gut Glück an eine Werbeagentur, und prompt konnte man Humphrey Bogart als wohlgenährten Säugling in einer Anzeige für ‹Mellins Baby Food› sehen – ein recht früher Auftritt des späteren Leinwandstars, der als das ‹echte Maude Humphrey Baby› erste Schlagzeilen machte.

«Du bist klein, du bist mies, und trotzdem ist dir alles geglückt. Ich bin klein, ich bin mies, und mir wird es auch gelingen.» So spricht Woody Allen zu Humphrey Bogart in seiner Hommage an den Star, in *Play it Again, Sam.*

Nun, zunächst sah es überhaupt nicht danach aus, als wolle Humphrey Bogart überhaupt etwas gelingen. Er besuchte die angesehene Trinity School in New York, wo die

Kinder der guten New Yorker Gesellschaft in Klassenzimmern beieinander saßen, und er glänzte dort meist durch Abwesenheit. Trotzdem schaffte er glimpflich den Abschluß, und seine Eltern meldeten ihn in Andover an, einem anerkannten College in Massachusetts, das der Doktor De Forest Bogart selbst besucht hatte. Die Schule stand in dem Ruf, junge «Gentlemen» aufzunehmen – «Sei ein Gentleman», hörte Bogart von Geburt an immer wieder. Von Andover aus sollte der halbwüchsige Humphrey an die Universität von Yale gehen, um dort Medizin zu studieren, so wie einst schon sein Vater. Doch bald hatte der unlustige Schüler in Andover Schwierigkeiten, er fühlte sich unwohl zwischen seinen Mitstudenten, die sich in ihren Büchern vergruben, und eines schönen Tages erhielten die Bogarts in New York Post vom Schulleiter persönlich: «Falls keine grundsätzliche Besserung eintreten sollte, sehen wir uns gezwungen, ihn von der Schule zu entlassen. Ich hoffe aufrichtig, daß eine solche Katastrophe vermieden werden kann.» Sie ließ sich nicht vermeiden: Drei Monate nach dieser Vorwarnung, im Mai 1918, wurde der Lesemuffel schon wieder nach Hause zurückgeschickt.

Damit begann für den Siebzehnjährigen eine Odyssee durch mehrere Berufe. Vom Ende her gesehen, beginnt so die Verwirklichung des Amerikanischen Traums. Auch wenn der Anfang der Biographie nichts mit Film oder Theater zu tun hat, fügt er sich einem gesellschaftlichen Mythos, als dessen Apotheose im 20. Jahrhundert die Traumfabrik Hollywood gilt. Zunächst aber liest sich Bogarts Werdegang als die Geschichte eines flatterhaften, jungen Mannes, der überhaupt nichts Rechtes mit sich anzufangen weiß und nichts weiter als ein arbeitsscheuer Taugenichts zu sein scheint. Immer wieder wird sich dieses unentschlossene Verhalten in Humphrey Bogarts Vita abzeichnen, das so vollkommen im Gegensatz zu seinem späteren Leinwandimage steht, dem zielgerichteten, harten Typen.

Ein Bekannter von Humphreys Eltern, ein erfolgreicher Schiffsarchitekt, erklärte sich bereit, den Schulabgänger unverzüglich auf seiner Werft zu beschäftigen. Doch auch davor drückte sich der arbeitsscheue Junior erfolgreich. Da kam ihm der Erste Weltkrieg zu Hilfe. Die USA erklärten 1917 ihren Kriegseintritt, zu dem Zeitpunkt, da die Deutschen begonnen hatten, auch amerikanische U-Boote zu bombardieren. Weil die Bogarts sich weigerten, ihren flatterhaften Sohn weiterhin finanziell zu unterstützen, meldete sich dieser als Freiwilliger zur Marine. «Der Krieg war ein einziges Vergnügen. Tod? Was bedeutet der Tod für einen Achtzehnjährigen? Ans Sterben denkt man erst, wenn man älter wird, wenn man die Nachrufe auf berühmte Leute liest, deren Leistungen dich beeindruckt haben, und wenn die Altersgenossen sterben. Mit achtzehn war der Krieg eine tolle Sache. Paris! Französinnen! Ganz schön heiß!» Der Krieg stellte für junge Männer wie Humphrey einen Ausweg aus großer Entschlußlosigkeit dar – er verhieß große Abenteuer und verschaffte manch einem die erste Reise ins Ausland, ja sogar auf einen anderen Kontinent. Ein Kriegsheld wurde Bogart allerdings nicht, denn während der Ausbildungszeit wurde er zum Kloputzen und Rattenvergiften abkommandiert. Bei derlei niederen Verrichtungen lernte er einen gewissen Spencer kennen – Spencer Tracy, der fest entschlossen war, nach dem Kriegsdienst in der Armee ein Priester zu werden. Auf einem Truppentransportschiff, der Leviathan, kreuzte Bogart einige Monate zwischen Hoboken und Brest auf dem Atlantik hin und her. Dann, am 11. November 1918, war der Krieg vorbei, und der schon so bald wieder aus der Truppe entlassene und erneut ins Land der unbegrenzten Möglichkeiten hineingestellte Marinesoldat wußte immer noch nicht, was er aus seinem Leben machen sollte.

Chancen gab es im Manhattan jener Gründerjahre allerdings genug. Firmenimperien wuchsen und gewannen an wirtschaftlicher Macht, Banken schossen aus dem Boden und nutzten die neuen Kapitalmärkte für sich; in den Großstädten waren neue Arbeitsbereiche entstanden. Zunächst konnte man Humphrey als Boten für eine Investmentgesellschaft in der Wall Street durch die Straßen Downtown-Manhattans flitzen sehen. Sein nächster Job brachte ihn jener Sphäre, in der er zu dem berühmten Bogie werden sollte, schon bedeutend näher. Zwar war er wieder nichts weiter als ein Laufbursche – doch diesmal für eine Filmgesellschaft, die ‹World Films›, die einem gewissen Bill Brady gehörte, dem Vater von alten Freunden, die ihn dort eingeschleust hatten. Über Bogarts Anfänge am Broadway gibt es die unterschiedlichsten Versionen. Er soll zunächst Mädchen für alles gewesen sein, einmal war er 1920 während der Theatertournee des Stückes *The Ruined Lady* die rechte Hand der Truppe, dann wieder soll ihm sogar die Regie für ein Bühnenstück angeboten worden sein. Wie auch immer es wirklich war – in diesem künstlerischen Genre, das vor allem auf Begabungen und nicht auf Ausbildungen vertraute, schien für junge Leute wie Bogart einiges möglich zu sein. Als einer der Schauspieler erkrankte, sollte er – inzwischen als Inspizient eingesetzt und damit in Kenntnis aller Rollentexte – für ihn einspringen: der klassische Beginn einer Filmkarriere. Im Mai 1921 spielte er einen Kellner, der ein paar Cocktails zu servieren und einen einzigen Satz zu sprechen hatte. Humphreys Vater saß im Publikum, erleichtert darüber, daß sein Sohn endlich überhaupt irgendwelche Ambitionen an den Tag gelegt hatte, und soll geflüstert haben: «Der Junge ist gut, nicht wahr?» Was er sah, ließ hoffen. Allein Maud, die ihren Sohn lieber als respektierten Mediziner in den Fußstapfen ihres Mannes gesehen hätte, zweifelte noch an der Seriosität des Schauspielerberufes.

Es wäre zwar verfrüht, nach diesem Anfang schon von einem beruflichen Durchbruch zu sprechen, doch immer wieder bekam der große Junge nun kleine Rollen am Broadway zugespielt, vor allem in Komödien. Er trat vom November

Weil die Bogarts sich weigerten, ihren flatterhaften Sohn weiterhin finanziell zu unterstützen, meldete er sich 1918 als Freiwilliger zur Marine. «Der Krieg war ein einziges Vergnügen. Tod? Was bedeutet der Tod für einen Achtzehnjährigen? Ans Sterben denkt man erst, wenn man älter wird, wenn man die Nachrufe auf berühmte Leute liest, deren Leistungen dich beeindruckt haben, und wenn die Altersgenossen sterben. Mit achtzehn war der Krieg eine tolle Sache. Paris! Französinnen! Ganz schön heiß!»

1923 an ganze dreißig Wochen lang in *Meet the Wife* in der Rolle eines Reporters auf, und die Bestätigung, die das junge Talent vom applaudierenden Publikum und der lobenden Presse erhielt, wirkten sich förderlich auf seine Disziplin aus. Bald stand Humphrey Bogart in dem Ruf, ein Schauspieler zu sein, der konsequent an seiner Karriere arbeitet, auch wenn er – seinen Gewohnheiten treu – immer wieder bis zum Morgengrauen in den New Yorker Clubs herumhing. Das Geld, das er verdiente, setzte er am liebsten gleich wieder in Spirituosen um. Das folgende Stück, in dem er auftrat, hieß *Nerves* und war weniger erfolgreich – dafür sollte es einige Jahre später zu Veränderungen in Humphrey Bogarts Privatleben führen. Insgesamt hatte er sich beruflich am Broadway etabliert. Die Ausdauer, die dem Schüler gefehlt hatte, besaß der Schauspieler, der seine Rollen auswendig lernen mußte, um so mehr.

Doch die legendären Roaring Twenties waren keine einfachen Jahre. Gerade als Humphrey Bogart seinen bislang größten Bühnenerfolg mit *It's a Wise Child* verzeichnen konnte, im Jahre 1929, kam es zum Börsenkrach am Schwarzen Freitag, der auch die Unterhaltungsindustrie hart traf.

Humphrey floh nach Hollywood: «Gable hatte es geschafft und war irgendwie heiß und überzeugte Hollywood davon, daß ein Schauspieler nicht wie Valentino aussehen mußte, um Erfolg zu haben. Das war 1929. Ich war der Clark Gable der Fox. Ich war ein gewaltiger Flop. Ich war, verdammt noch mal, einfach nicht gut. Ich war nicht Gable. Ein Schauspieler mußte damals eine gewisse Körpergröße haben. Als ich im Studio eintraf, sagte mir ein kleiner Mann in einem braunen Mantel, der mir kaum bis zur Schulter reichte, ich sei nicht groß genug.» Daß die Statur letztlich nebensächlich ist, weil die Kamera ihre Helden selber schafft, zeigt der Erfolg etlicher recht maskuliner Leinwandstars, die, wie Bogart, allesamt unter 1 Meter 70 groß sind, Al Pacino,

Dustin Hoffman oder Robert De Niro. Damals aber scheiterten Bogarts erste Gehversuche an seinem falschen Image.

Vielleicht war es Bogarts Glück, daß es Ende der zwanziger Jahre mit dem Stummfilm zu Ende ging und auch mit vielen einstigen Stars, weil sie zwar auf Mimik und Gestik, nicht aber auf den Einsatz ihrer Stimme geeicht waren. Sirenen des Stummfilms wie Asta Nielsen, Gloria Swanson, Louise Brooks und Lilian Gish, noch in den Zwanzigern Superstars, mußten plötzlich abdanken, und der eben noch umjubelte John Gilbert wurde über Nacht zu einem Nobody, der bald Selbstmord verübte – er konnte den Liebesentzug der Öffentlichkeit nicht ertragen. Mit der Revolutionierung des Mediums fand eine Art Generationenwechsel statt. Greta Garbo zählte zu den wenigen, die den technischen Fortschritt überlebten. Als *Anna Christie* mit ihr in der Hauptrolle 1930 in die New Yorker Kinos kam, wurde erfolgreich mit dem Slogan ‹Garbo talks› geworben.

Auch Bogart, der von der Sprechbühne kam, sollte seine Chance bekommen. Zwar drehte er zwischen 1930 und 1932 ganze zehn Filme, aber immer stand er darin im Schatten der großen Stars. Schließlich war er es leid, immer nur Nebenrollen zu spielen, kleine Schurken, die als Prügelknaben für die herausragenden Filmhelden jener Jahre wie George Raft und Edward G. Robinson herhalten mußten, und ging zurück nach New York.

Nach mehr als einem Jahrzehnt einigermaßen erfolgreichem Bühnenspiel war es das Schachspiel in den Speak Easies, den Flüsterkneipen Manhattans, das Humphrey Bogart immer noch am erfolgreichsten beherrschte – ein Hobby, dem er bis an sein Lebensende frönte. Und der Alkohol floß wieder in Strömen, wie immer, wenn Bogart ganz tief unten angekommen war. Denn inzwischen hatte er eine Ehe hinter sich, eine weitere Scheidung zeichnete sich bereits ab, und zu allem Übel starb sein Vater und hinterließ ihm einen Schuldenberg.

Humphrey Bogarts Freund, der Dramatiker Robert Sherwood, kannte ihn damals vielleicht am besten und wußte, wie er ihm helfen konnte. Bogart mußte arbeiten, um von seinem Schmerz abgelenkt und daran gehindert zu werden, den Rest einer Karrierechance – immerhin war Bogart ein Mann in seinen besten Jahren und der Tonfilm noch in den Kinderschuhen, alles war möglich – im Alkohol zu ertränken. Er gab ihm also in seinem neuen Drama *The Petrified Forest* [Der versteinerte Wald] die tragende Rolle des ausgebrochenen Zuchthäuslers Duke Mantee. Das Stück hatte am 7. Januar 1935 in New York Premiere und wurde Bogarts bislang größter Erfolg. Er verhalf ihm schließlich zu seinem Durchbruch in Hollywood, denn die Produktionsgesellschaft Warner hielt den Stoff für filmtauglich. Es war die Geschichte eines Kriminellen, der die ‹versteinerten› Menschen in einer Kneipe gefangenhielt, und sie paßte vorzüglich in Warners Programm von Gangsterfilmen mit einer sozialkritischen Botschaft. 1936 kam die Filmversion in die Kinos. Bogart war mit *The Petrified Forest* und an der Seite von bekannten Schauspielern wie Leslie Howard und Bette Davis zu einem Darsteller geworden, den man nicht mehr übersehen konnte. «Humphrey Bogart ist mit jeder Bewegung und mit jedem Ausdruck der gequälte, gejagte, verzweifelte Killer», stand in der *Daily Variety*.

Doch erst ab Anfang der vierziger Jahre sollte Bogart ausschließlich Hauptrollen bekommen. Wer weiß, wie oft man ihm noch kleine Schurkenrollen gegeben hätte, wenn 1941 nicht Paul Muni die Hauptrolle in dem John-Huston-Film *High Sierra* über einen Gefängnisausbrecher abgelehnt hätte und Charlie Einfeld, der Werbedirektor von Warner, nicht endlich auf die Idee gekommen wäre, aus Humphrey Bogart einen Star zu machen. Die Publicitymaschine, die darüber bestimmte, ob ein Schauspieler zum Star wurde oder auf ewig in den Niederungen kleiner Filme und Statistenrollen herumdümpelte, setzte sich in Bewegung. Der melancholische, einsame Macho, den Humphrey Bogart verkörperte, rückte ebenbürtig neben Clark Gable, den hemdsärmeligen Rowdy mit der Schmalzlocke. So entwickelte sich, was bald als ‹Bogart-Typ› berühmt wurde: Es war jener einzelgängerische, fast philosophische Kämpfer, der die kleinen Gangster umlegt – eine Rolle, die dem gesellschaftlichen Wandel der dreißiger Jahre entsprach. Man wollte nicht länger den Gangster als Helden zeigen, es mußte jemanden geben, der diesen seiner gerechten Strafe zuführte. In den vierziger Jahren avancierte Bogart zu jenem Typus, der seine Glanzrollen neben Lauren Bacall als zwielichtiger Detektiv des Film Noir bekommen sollte.

Bogies Baby

Betty Joan Perske, die spätere Lauren Bacall, erscheint da sehr viel zielstrebiger als Bogart. Sie überließ ihre Karriere von Anfang an weniger dem Zufall als er. Betty Joan wurde am 16. September 1924 ebenfalls in New York geboren, jedoch in kleineren Verhältnissen, in Brooklyn, jenseits des East River. Das Einzelkind Betty wuchs allein mit ihrer Mutter Natalie auf, meistens unter der Obhut von Dienstmädchen, einer Cousine und dem Onkel Charlie, einem intelligenten Spaßvogel, der ihr den Vater jedoch nicht ersetzen konnte. Ihre Eltern hatten sich scheiden lassen, als Betty acht Jahre alt war; William Perske war offenbar nur aufgetaucht, um ihre Mutter zu schwängern. Für Lauren Bacall blieb er zeitlebens schemenhaft, er stattete seiner kleinen Tochter ein paar Sonntagsbesuche ab, bevor die Schlußlichter seines Wagens endgültig im Dunkel verschwanden – wie im Abspann eines Films. Sehr zum Ärger von Lauren Bacall sollte dieser Vater plötzlich wieder auf der Bildfläche erscheinen, um sich interessant zu machen, als sie 1945 durch ihre Heirat mit Humphrey Bogart in die Schlagzeilen kam.

Betty Joan legte einen mühseligen Weg zurück, doch im Vergleich zu Bogarts holperigen Anfängen sah er nach einer Blitzkarriere aus. Da die Mutter arbeiten mußte, schien die Achtjährige am besten in einem Mädcheninternat aufgehoben, in Tarrytown, etwa eine Zugstunde von New York entfernt. Neben den Sportstunden machten ihr die Theaterkurse am meisten Spaß, und später, als sie wieder in New York zur Schule ging, besuchte sie an den Samstagvormittagen die New York School of Theatre. Mit schöner Konsequenz meldete sie sich danach an der American Academy of

Bereits als Zehnjährige und noch unter ihrem richtigen Namen Betty Joan Perske posierte die spätere Lauren Bacall 1934 in Kindermode vor dem Photographen.

Dramatic Arts an. Nach einem Jahr legte sie eine Zwischenprüfung ab, die darüber entscheiden sollte, ob sie die Schule weiter besuchen durfte, und sie bestand mit Bravour. Doch für die erfolgreiche Absolventin entstand nun ein ganz persönliches Drama. Das zweite Jahr an der Akademie mußte aus eigener Tasche bezahlt werden, und dafür hatte die Familie Perske, obwohl sie viel jüdischen Familiensinn besaß, kein Geld. Ein Stipendium erhielt Betty nicht – spielt Woody Allen in seiner Parodie etwa darauf an? –, denn der konservative Schulleiter stellte sich auf den Standpunkt, daß Frauen für eine finanzielle Förderung grundsätzlich nicht in Frage kämen. Betty nahm ihm das nicht ganz ab: «Wenn mich doch alle für so begabt hielten, warum machte man nicht eine Ausnahme und gab mir ein Stipendium?» Diese Frage quälte sie und schuf Selbstzweifel, die vielleicht die ganze Karriere überschatteten.

Was sollte sie mit der einmal so vielversprechend begonnenen Theaterlaufbahn anfangen? Betty war besessen von der Idee, Schauspielerin zu werden. Es kam ihr überhaupt nicht in den Sinn, die Karrierepläne und die damit verbundenen Träume gegen die Vorstellung einzutauschen, jegliche Berufspläne an den Nagel zu hängen und eine Familie zu gründen. Als Mutter sah sie sich überhaupt nicht – gut möglich, daß der eigene familiäre Hintergrund es ihr unmöglich machte, sich mit dieser Rolle zu identifizieren. Die nur pro forma geschlossene Ehe der Mutter diente nicht gerade als ermutigendes Vorbild, der Vater war weder Versorger noch Beschützer gewesen, und Betty hatte an ihrer Mutter gesehen, wie wichtig es für eine Frau war, einen Beruf zu haben, mit dem sie Geld verdienen konnte.

Als Einzelkind war Betty Joan es aber auch gewohnt, im Mittelpunkt der Aufmerksamkeit zu stehen und etwas Besonderes zu sein. Wie das am besten ging, das führten ihr die Leinwandstars in den Kinos vor, in deren dunklen Sälen sie sich ohnehin besser aufgehoben fühlte als in der engen Wohnung in Manhattan, wo sie mit ihrer Mutter inzwischen lebte, oder in den schwachen Armen pubertierender Klassenkameraden. Was also macht ein Einzelkind, das auch eine Einzelgängerin ist, aber nicht allein zu Hause sitzen will, während die Mutter Geld verdienen geht? Für Betty waren die Filmhelden die beste Gesellschaft. «Ich verbrachte die meiste Zeit im Kino. Bette Davis war mein großes Vorbild. Gewiß, ich sah Bogie in dem einen oder anderen Streifen, aber bewußt wahrgenommen habe ich ihn noch nicht.» Eine Kinokarte kostete 25 Cents, und das war wenig im Verhältnis zu einem Theaterbillett. «Die meisten meiner Phantasien stammten eindeutig von meiner starken Identifikation mit dem Kino und bestimmten Filmstars.»

Dark Victory [Opfer einer großen Liebe], der 1939 in die Kinos kam, war einer von vielen Filmen der Davis, die sich die fünfzehnjährige Betty Perske unverzüglich ansah – aber nicht etwa wegen Humphrey Bogart, der spielte darin nur eine Nebenrolle, einen hoffnungslos verliebten, manchmal ins Bild galoppierenden Reitlehrer, eine vor allem für die junge Zuschauerin nur untergeordnete Rolle. Betty ging wegen Bette Davis ins Kino – ihr großes Vorbild –, die sich 1934, mit ihrer Rolle in *Of Human Bondage* [Des Menschen Hörigkeit] als ein Star ganz besonderer Art etabliert und ein Jahr später für ihre Rolle in *Dangerous* den Oscar erhalten hatte. *Dark Victory* lebte für Betty nur durch die angebetete Bette Davis – und nicht nur für sie! Bezeichnenderweise schwärmten hauptsächlich Frauen für die nonkonformistische Davis, die mit ihren leicht basedowschen Augen äußerlich keinem gängigen Schönheitsideal entsprach, das den Blick des männlichen Publikums auf sich lenkte. Betty Joan mochte sich perfekt mit der Schauspielerin identifizieren, die in ihren Filmen sehr eigenwillige, gezeichnete Frauen verkörperte, die von ihren Mitmenschen zur Außenseiterin gemacht werden, emanzipierte Frauen, die zwar ihren Kopf durchsetzen, jedoch auf Liebe verzichten müssen. In ihren frühen Filmen war Bette Davis auch das Good-Bad-Girl, das nur böse erscheinende, aber von Herzen gute Mädchen, das auch Betty Bacall später so erfolgreich spielen sollte.

Die Verehrung für die schillernde Namensvetterin ließ Betty Perske mit ihrer Busenfreundin Betty Kalb sogar einen Vorstoß in das New Yorker Gotham Hotel wagen, wo ihr Idol in einer Suite residierte. Bei der Verwirklichung ihres verwegenen Plans kamen den Mädchen die Beziehungen von Onkel Charlie zu Hilfe, denn eine Bekannte von ihm pflegte die Schauspielerin auf ihren Reisen zu begleiten, und so konnte kurzerhand ein Treffen arrangiert werden. Vielleicht erinnerte sich die damals dreißigjährige Bette Davis an ihre eigenen Teenagerzeiten, in denen sie ihren eigenen Idolen nachgeeifert hatte – sie ließ sich erweichen und lud die beiden Mädchen zu einem Treffen ein, die in Erwartung des langersehnten Termins tagelang aufgeregt hin und her überlegten, was sie anziehen, wie sie sich geben, was sie sagen sollten. Dann war es endlich soweit.

Die beiden Bettys fuhren mit dem Lift in den zehnten Stock hinauf, wo sich die Suite von Bette Davis befand. Sie wurden von der Zimmerzofe, die den Kontakt vermittelt hatte, eingelassen und gebeten, auf einem Sofa Platz zu nehmen und zu warten. «Da öffnete sich auch schon die Tür zum Schlafzimmer, und heraus trat Bette Davis. Vor unseren ehrfürchtig aufgerissenen Augen schwebte die Göttin des Films durch den Raum.» In ihren Erinnerungen schildert Lauren Bacall diese Szene wie eine wichtige erste Prüfung im ersehnten Metier; ihre Hände zitterten so sehr, daß es ihr unmöglich war, Kekse zu knabbern und die Tasse mit dem angebotenen Tee zum Munde zu führen – aus dem nur verlegenes Stottern kam. Doch der Star nahm sich etwas Zeit und erteilte den beiden einer Hollywoodkarriere entgegenfiebernden Mädchen gute Ratschläge, die Schauspielerei sei vor allem harte Arbeit, nicht etwa die Traumwelt, die sie von ihren bequemen Kinosesseln aus geboten bekämen. Sicherlich hatte sich Bette Davis, als sich die Tür hinter den beiden Mädchen wieder schloß, nicht träumen lassen, daß sie einer ihrer kleinen Besucherinnen eines Tages in Hollywood als Leinwandstar und als Frau ihres alten Filmpartners Humphrey Bogart wiederbegegnen sollte.

Es war Ende 1940: Die eifrige Kinobesucherin Betty hatte ihren ersten Freund, mit dem sie regelmäßig ausging. Er war verliebt bis über beide Ohren, sie hielt ihn auf Distanz, aber: «Meine Freundinnen waren auch alle verabredet, also ließ ich mich von meinem langweiligen Verehrer zu einer Silvesterparty einladen. Ich war gerade sechzehn, wir tanzten, und ich bildete mir ein, er sei Leslie Howard.» Ihr erklärter Schwarm seit jungen Jahren war nicht etwa der Gangsterdarsteller Humphrey Bogart mit seinem Zweitagebart gewesen, sondern ein Schauspieler, an dessen Namen man sich heute weit weniger erinnert: Leslie Howard. Dieses englische Theater- und Filmidol, auch in Amerika sehr erfolgreich, verkörperte allerdings einen Typus, wie er dem Humphrey Bogarts entgegengesetzter nicht sein konnte. Er hatte rotblondes Haar, war hochgewachsen, blaß und wohlerzogen. 1939 hatte er neben Clark Gable die zweite männliche Hauptrolle in *Gone With the Wind* [Vom Winde verweht] gespielt. Zusammen mit Humphrey Bogart – und der angebeteten Bette Davis – stand er 1935 in *The Petrified Forest* vor der Kamera und, seinerzeit der größere Star, hatte sich sogar dafür eingesetzt, daß Bogart die Rolle in diesem Film bekam. «No Bogart, no deal», hatte der Schauspieler kategorisch an Jack Warner telegraphiert – und der spurte. Vielleicht ist es doch kein Zufall, daß die Idole der späteren Lauren Bacall in einem so engen Verhältnis mit Humphrey Bogart stehen; vielleicht konnte sie sich – ohne daß es ihr bewußt wurde – eben doch am besten in eine Darstellerin hineinversetzen, die wie Bette Davis so oft an seiner Seite zu sehen war.

Bettys erstes Kußerlebnis mit dem Jungen aus Brooklyn, der nicht Leslie Howard war, wirkte ziemlich ernüchternd auf sie. Sie empfand dabei überhaupt nichts und schwor sich, nie wieder Kompromisse einzugehen, weder in der Liebe noch im Beruf – sondern perfekt wie in den Liebesfilmen, die sie gesehen hatte, sollten private und professionelle Wünsche gleichermaßen, zur gleichen Zeit, am gleichen Ort in Erfüllung gehen.

Es war ein harter Weg dorthin. Betty verkaufte Zeitschriften in den Straßen von Manhattan und verdingte sich für den eher symbolischen Lohn von acht Dollar wöchentlich als Kartenabreißerin und Platzanweiserin in einem Theater, um Bühnenluft zu atmen, und sei es auch nur als eine der unteren Chargen. Auf diesem Wege, das versprach sie sich, bestünde wenigstens eine kleine Chance, entdeckt zu werden – und ihr Plan ging sogar auf. Ein Broadwaykritiker, George Jean Nathan, wurde bei einem Theaterbesuch auf sie aufmerksam und erwähnte sie – leider ohne sie vorher nach ihrem Namen gefragt zu haben – in der Zeitschrift *Esquire*: «Die hübscheste Platzanweiserin auf der rechten Seite, die große, schlanke Blondine im St. James Theatre, während des Engagements von Gilbert und Sullivan.» Schließlich stellte er sie sogar einem Bühnenautor vor, William Saroyan, doch der sagte ihr ohne Umschweife – vielleicht, bloß um sie wie so viele ambitionierte Teenager loszuwerden – ihr Talent sei eher für den Film als für die Bühne. Betty war unbeirrbar. Sie klopfte sogar an die Tür des berühmten Produzenten David O. Selznick; vorsprechen durfte sie schließlich bei weniger bekannten Produzenten. Ein erster Probeauftritt scheint ein Desaster gewesen zu sein, zitternd betrat sie die Bühne, und am Ende konnte sie vor Lampenfieber einfach nicht weitersprechen. Beim nächsten Anlauf hatte sie sich besser im Griff: Sie bekam eine kleine Rolle in *Franklin Street*, einem populären Stück unter der Regie des einflußreichen Broadwaygiganten George S. Kaufman.

Betty machte sich gut, sie spielte mit Ehrgeiz und legte Humor an den Tag, doch das Stück hatte nicht den erhofften Erfolg, und so stand sie umgehend wieder auf der Straße. Als eine Rettung erwies sich für sie nun die Modebranche. Nicht zum erstenmal: Schon die Sechsjährige war als Model bei einer Kindermodenschau über den Laufsteg getänzelt, und mit elf fand man sie in einem Katalog für Kindermode. Die geschäftstüchtige Mutter, die zugegebenermaßen jeden Cent umdrehen mußte, war zufrieden – ein Vorteil der frühen Mannequintätigkeit ihrer Tochter war, daß es auf die Kinderkleidung Prozente gab. Diesmal half es Betty, daß sie bei einem Schönheitswettbewerb zur Miss Greenwich Village gekürt worden war. Wieder durfte sie als Model arbeiten. Diesmal posierte sie in Badekostümen und Skianzügen für ein Sportbekleidungsstudio. In den Mittagspausen flitzte sie zum nahen Broadway, um sich erneut nach einem Bühnenengagement umzusehen. Lauren Bacall, die sich in ihren Erinnerungen eher als schüchternen, leicht zu verunsichernden Teenager darstellt, postierte sich mit den Zeitschriften direkt im New Yorker Theater District und sprach jeden an, der ihr für die erträumte Laufbahn wichtig erschien.

Zum Film kam sie trotz ihrer Anstrengungen aber doch nicht – wie Humphrey Bogart – über den Broadway, sondern über die Seventh Avenue, jene glanzvolle Meile Manhattans, auf der die Boutiquen der Haute Couture und die Modeagenturen angesiedelt sind. Und zu einer erfolgreichen Karriere gehört neben dem Talent auch das Glück und das Gespür dafür, zur rechten Zeit am rechten Ort zu sein. Durch die Vermittlung eines Schriftstellers, Timothy Brooke, lernte Betty einen Redakteur von *Harper's Bazaar* kennen, und schließlich landete sie bei der renommierten Modezeitschrift, für die Diana Vreeland als Redakteurin tätig war, bevor sie später die *Vogue* leitete. Diana Vreeland war als ungekrönte Königin der Modebranche eine Ikone des Glamours und wußte aus eigener Erfahrung, wie schwierig es war, auf dem harten New Yorker Pflaster Fuß zu fassen. Ihr eigener Erfolg verdankte sich unter anderem sicher der Tatsache, daß sie einen Blick für junge photogene Talente besaß. Diana Vreeland versuchte nicht, Bettys Typ auf das gängige Schönheitsideal zurechtzumodellieren – sie unterstrich die Magerkeit und die kühlen Gesichtszüge des Teenagers noch durch die Kleider, die sie ihr auf den Leib zog, und durch das Licht, in das die Photographen sie setzen sollten. Betty posierte in Modellkleidern vor der Kamera, und das war bei weitem glanzvoller, als eine kleine Rolle in einem mittelmäßigen Bühnenstück zu spielen, wenngleich die Modephotographie nicht unbedingt das von Betty erträumte Betätigungsfeld war. Doch sie hatte Glück, denn hier hatte sie es mit echten Profis zu tun.

Schon bald, im März 1943, ist Betty auf dem Cover von *Harper's Bazaar* zu sehen, auf einem Photo der berühmten Louise Dahl-Wolfe, in einem strengen, blauen Kostüm, in dem sie ganz besonders erotisch zur Geltung kommt, und sie steht vor einer Tür, hinter der sich offensichtlich ein Labor befindet, in dem Blutspenden entgegengenommen werden: American Red Cross Blood Donor Service. Hinter den Milchglasscheiben zeichnet sich die Silhouette einer Krankenschwester ab. Das ganze Szenario gehörte zu einer Blutspendenkampagne für die Soldaten, die in Europa an der Front standen. «Sie sieht aus wie achtzehn, und dann auch wieder wie fünfunddreißig, mit einem Anflug auf das doppelte davon. Ihr Gesichtsausdruck ist gefährlich. Auf ihrem Gesicht und ihrem Mund liegt ein flaches Licht. Dies ist die Beleuchtung des Film Noir, ungeachtet dessen, wie sehr es hier um medizinische Hilfe gehen mag. Vielleicht denke nur ich das, aber ich fühle, daß sie der Vampir ist, der einem auflauert, wenn man zur Blutspende geht. Es ist ein Bild, das Berufung und Drängen jenseits des Kriegseinsatzes beschwört.»

Lauren Bacalls Zukunft als Topmodel stand nichts mehr im Wege; die Columbia Pictures wollten sie gleich nach Erscheinen der Nummer sofort für einen Film engagieren, in dem die seit zehn Jahren berühmte Rita Hayworth von Models der acht größten Modemagazine umschwirrt werden sollte. *Cover Girl* [Es tanzt die Göttin] sollte noch im selben Jahr in die Kinos kommen, jedoch ohne Lauren Bacall. Eine Statistenrolle wäre zwar bereits die begehrte Fahrkarte nach Hollywood gewesen, doch Betty zögerte, weil sie im Schatten von Rita Hayworth keinen einzigen Satz hätte sprechen dürfen und weil sie sich bei der Columbia für ein ganzes Jahr hätte verpflichten müssen und für bessere Angebote, von denen sie träumte – vielleicht einer Hauptrolle? –, vorerst nicht mehr frei gewesen wäre.

Auch der Regisseur Howard Hawks, seit zwanzig Jahren im Geschäft und ein alter Hase im Umgang mit jungen Talenten, war unterdessen auf ihr Bild aufmerksam geworden. Seine bildschöne Frau Nancy, genannt Slim, ein ehemaliges Model und Abonnentin von *Harper's Bazaar*, legte ihrem Mann die Nummer mit dem aparten Covergirl just in dem Moment auf den Schreibtisch, da dieser auf der Suche nach Akteuren für sein nächstes Filmprojekt *To Have and Have Not* war. Hawks brauchte nicht zweimal hinzusehen; er beauftragte seine Sekretärin unverzüglich damit, Nachforschungen über das grazile Model mit dem herben Gesichtsausdruck anzustellen. Es war nicht weiter schwierig, sie über die Redaktion des Magazins ausfindig zu machen, und flugs bestellte die Sekretärin ein Hotelzimmer in Los Angeles und schickte ihr eine Fahrkarte nach Hollywood – etwas zu vorschnell. Ganz so konkret hatte Hawks eigentlich noch nicht werden wollen, aber Betty hatte keine Sekunde gezögert und war schon unterwegs in Richtung Westküste. «Aus heiterem Himmel tauchte nun dieses Kind im Sommer 1943 in meinem Büro auf», schreibt Hawks. «Sie trug einen Gabardinerock und eine Strickjacke. Offiziell war sie bereits neunzehn Jahre alt, und auch ihre Mutter war mit einem eventuellen Vertrag einverstanden. Ich hatte meine Zweifel. Sie war sehr dünn und sprach mit einer hohen, nasalen Stimme. Aber sie war so fest entschlossen und eifrig, daß ich es nicht übers Herz brachte, sie wieder nach Hause zu schicken.» Auf dem Cover hatte sie älter und souveräner ausgesehen – nun stand ein Mädchen vor ihm.

Bevor es jedoch am 3. Mai 1943 zur Vertragsunterzeichnung kam, mußte sich das Kind im Gabardinerock den forschenden Blicken einer ganzen Reihe von Männern unterziehen. Einig waren sie sich alle: Es war ein Risiko, ein solches Greenhorn wie Betty zu engagieren, doch keiner konnte an ihrem Charme und ihrer eigenwilligen erotischen Ausstrahlung vorbeisehen, und ihr Vorsprechen, ein Part aus einem Bühnenstück mit dem Titel *Claudia,* überzeugte schließlich von ihrem Talent. Howard Hawks, der bereits mit Primadonnen wie Barbara Stanwyck, Rosalind Russell und Rita Hayworth zusammengearbeitet hatte, wollte sie in die Reihe ‹seiner› Akteurinnen aufnehmen und ebenso berühmt machen. Nicht nur ihre entscheidende Entdeckung hatte Betty der Frau des Regisseurs zu verdanken. Slim Hawks selber war außerordentlich an ihr interessiert und modellierte – aktiv und passiv – am Image der Lauren Bacall so entscheidend mit, daß sie in den Vertrag mit aufgenommen wurde. «Sie entsprach ganz sicher meinem Schönheitsideal – blank geschrubbt, gesund, leuchtend und golden. Und sie hatte unbedingt etwas Raubtierhaftes», schreibt Slim. Hawks erschuf eine Lauren Bacall nach dem Bild seiner Frau: «Als er Betty erst einmal angeheuert hatte, war er plötzlich sehr an allem interessiert, was ich zu sagen hatte. Fortan hörte er mir zu, als spräche ich Zeilen, die die Drehbuchautoren geschrieben hatten.» Und er legte Lauren Bacall als Marie in *To Have and Have Not* die Schlagfertigkeiten seiner Gattin in den Mund.

Nur die hohe und nasale Stimme paßte nicht in die Vorstellung, die der Regisseur sich von der Rolle der Marie Browning in seinem neuen Film gemacht hatte. Hawks riet ihr also zu bestimmten Sprechübungen; mit ihrer Mutter, die über ihre beruflichen Fortschritte wachte, fuhr sie an den Strand und schrie so lange gegen den Wind an, bis sie heiser war. Die Zigaretten, die sie weiterhin rauchte, taten das Ihre, um ihre Stimme rauh und tief tönen zu lassen. Vor den Probeaufnahmen zu *To Have and Have Not* nutzte sie Autofahrten dazu, laut und vernehmlich vor sich hin zu sprechen – und wer neben ihr an der Ampel hielt, mochte sie für verrückt halten, diese junge Frau, die aus vollem Halse Selbstgespräche führte. Stimmübungen und Nikotintherapie schlugen an: «Ihre heisere, kehlige Stimme, wie gemacht für Zweideutigkeiten, läßt selbst ihre einfachsten Bemerkungen klingen wie Brunftschreie aus dem Dschungel», schrieb ein Kritiker.

Eine Anekdote will, daß Lauren Bacall im Dezember 1981 gerade nach Hause kam, als John Lennon erschossen wurde und die Polizei die Straßen rund um das Dakota Building abgesperrt hatte, jenem legendären Apartmenthaus, in dem Lauren Bacall und auch John Lennon mit seiner Frau Yoko Ono wohnten. Die Sicherheitsbeamten wollten Lauren Bacall ebensowenig wie die anderen sterblichen Passanten passieren lassen. Sie war außer sich, und die Beamten mußten sich von ihr fragen lassen, ob man sie denn nicht erkenne. Einer von ihnen schüttelte daraufhin den Kopf und wagte zu fragen, woher denn nur und woran. Die Schauspielerin soll ihm entgegengeschleudert haben: «The voice, you asshole, the voice!»

Doch zurück zu Lauren Bacalls Anfängen. Lauren Bacall wurde ‹gemacht›, ihr Star-Image wurde aufgebaut. Auch der offizielle Name ist für den Ruhm eines Stars nicht Schall und Rauch, sondern ein Markenzeichen. Humphrey Bogart ließ lediglich das ‹de Forest› seines Nachnamens weg, wenngleich es ihm eine Spur von aristokratischem Glanz verliehen hätte; den Spitznamen Bogey gab ihm erstmals der Kollege Spencer Tracy. Betty Joan Perske klang in den Ohren der Filmproduzenten kaum wie ein zugkräftiger Name für einen neuen Hollywoodstar. Der deutsch anmutende Nachname, der ja sowieso nur von ihrem schattenhaften Vater stammte, wurde kurzerhand gegen den Mädchennamen von Bettys Mutter eingetauscht, und der war nicht nur wohlklingend, sondern auch sprechend: ‹Bacal› bedeutet auf rumänisch ‹Weinglas›. Um die englische Aussprache zu vereindeutigen, wurde dem Namen einfach noch ein zweites L angehängt: Bacall. Weil man in der Branche mit dem schönen Monogramm BB – später die Kurzformel für eine andere, vollbusigere Diva – immer noch nicht zufrieden war, wurde Betty Bacall erneut in die Werbeabteilung des Warner-Studios eingeladen, wo man zu dem Namen Bacall Hunderte von passenden Vornamen ausprobierte. Schließlich entschied sie sich im Andenken an ihre Großmutter für den Vornamen Lauren. Lauren Bacall, die zukünftige Filmschauspielerin, war geboren.

‹The Look›: Noch ein Name, der Lauren Bacall bereits zu ihren Zeiten als Model gegeben wurde, nicht wegen ihres Anblicks, sondern wegen ihres Blicks, einem Augenaufschlag, der scheinbar weit aus der Tiefe kommt. Das war allerdings kein auf Geheiß eines Regisseurs oder Werbemanagers eingeübtes Mienenspiel: In ihren Memoiren schreibt Lauren Bacall, daß sie vor Lampenfieber enorm zitterte, und nur wenn sie den Kopf nach unten senkte, ließ sich das Zittern beheben. Die Verknappung eines Star-Images auf ein einzelnes wesentliches Merkmal, das zum Bestandteil des Namens wird – oder ihn gar ersetzt –, ist im Schauspielermilieu keine seltene Erscheinung: Tom Jones ist als ‹der Tiger› bekannt, Frank Sinatra als ‹die Stimme›, Marlon Brando handelte sich wegen seines Nuschelns den Titel ‹The Mumble› ein, Buster Keaton ist wegen seiner ungerührten Stummfilmmiene das ‹Stoneface› der Filmgeschichte.

Die achtzehnjährige Lauren Bacall war in Hollywood angekommen, wo Humphrey Bogart gerade an der Seite von Claude Rains – der in *Casablanca* den französischen Captain gespielt hatte – und Michele Morgan *Passage to Marseille* [Fahrkarte nach Marseille] drehte, einen Film über flüchtige französische Strafgefangene, mit dem der Regisseur Michael Curtiz den Erfolg von *Casablanca* zu wiederholen hoffte: Bis ins Detail sollte der Zuschauer an den erfolgreichen Vorläufer erinnert werden. Wieder stehen Flugzeuge im Nebel, wieder begegnen sich der Trenchcoat und die französische Uniform, wieder sitzt Bogart mit einer schönen Frau im Auto. Howard Hawks nahm seinen Schützling aus New York mit in die Studios, um zunächst einmal zu testen, wie der launische Bogart auf das neue Gesicht reagieren würde. «Es schlug kein Blitz ein, kein Donner krachte, es erfolgte lediglich eine freundliche Begrüßung, als Howard mich mit Bogie bekannt machte.»

Als Lauren Bacall die Szene so in ihren Erinnerungen beschrieb, dachte sie vielleicht an jene Szene in *The Big Sleep*, in der Bogart als Philip Marlowe und sie als Vivien Rutledge sich zum erstenmal berühren. Als er mit den Händen ihr Kleid streift, zuckt ein Blitz, kracht ein Donner. In der Dramaturgie des wirklichen Lebens entlud sich das Gewitter der leidenschaftlichen Gefühle für die beiden Schauspieler erst ein wenig später.

Bogarts Ehen eins bis drei

«Sind Sie jemals verheiratet gewesen?»

«Ja. Dreimal.»

«Wie sind Sie sie losgeworden?»

Soweit ein Dialog aus dem Bogart-Film *Conflict* [Konflikt] von 1945. Auch im wirklichen Leben schaffte es Humphrey Bogart, dreimal zu heiraten und sich dreimal wieder von seinen Ehefrauen zu trennen, und jedesmal waren berufliche Konkurrenz oder Alkohol oder beides mit im Spiel. Die Karriere des Ehemannes Humphrey Bogart wirkt zumindest in ihren Anfängen wie die des Filmschauspielers: unentschlossen. Der hübsche junge Mann mit dem länglichen Gesicht und den schwarzen, brillantineglänzenden Haaren, der – da waren sämtliche Broadwaykritiker sich einig – ein bißchen aussah wie Rudolpho Valentino, genoß es natürlich, von Mädchen umschwärmt zu werden, und die gab es am Broadway in großer Zahl – Revuegirls, Scriptgirls, Schauspielerinnen. Bogart war kein Kostverächter und rühmte sich seiner Eroberungen: «Mit siebenundzwanzig hatte ich genug Frauen gehabt, um zu wissen, was ich von einer Frau wollte.» Nun, es sieht ganz so aus, als hätte er sich da um fast zwanzig Jahre verschätzt ...

Humphrey Bogart verkörpert vor den Augen der filmbegeisterten Welt den harten Macho, dem die Frauen zu Füßen liegen. Im Privatleben war es wohl umgekehrt, wie Sohn Stephen feststellt: «In mancher Hinsicht war jede der drei Frauen die dominante Person in ihrer Beziehung zu Bogie, und selbst bei seiner vierten Ehe – nun ja, es ist kein Geheimnis, daß meine Mutter eine starke Frau ist, die die Dinge gern in der Hand hat.» Humphrey Bogart, ein Sinnbild männlicher Unabhängigkeit, heiratete stets Frauen, die ihn zumindest teilweise unter Kontrolle hatten. Die Biographen spekulieren gern mit Bogarts Mutterkomplex, demzufolge er beim weiblichen Geschlecht einen Ersatz für die dominante Maude Humphrey suchte. In jedem Fall heiratete Bogart immer Frauen, die Schauspielerinnen waren und das Bedürfnis hatten, sich zu inszenieren, und das nicht nur im Film, sondern auch auf der Bühne des Lebens. Louise Brooks, die Bogart 1924 bei den Proben zu dem Broadway-Bühnenstück *Nerves* kennengelernt hatte, war überzeugt, daß Humphrey seine Frauen immer passend zum Fortschritt seiner Karriere ausgesucht hatte.

Als er mit der Schauspielerei begann und noch viel über das Theater zu lernen hatte, heiratete er Helen Menken. Sie war zehn Jahre älter als er, was man der ranken und schlanken Frau mit den kurzen Haaren ganz im fortschrittlichen Stil der Zwanziger aber nicht ansah. Humphrey Bogart lernte sie in jenen Tagen kennen, da er als Inspizient fürs Theater arbeitete. Helen Menken war damals bereits eine bekannte Schauspielerin, der Star aus dem Erfolgsstück *Seventh Heaven*. Sie hatte gute Beziehungen, die Bogart bei seiner Karriere als Schauspieler helfen konnten – eine Trumpfkarte für sie. Sie verliebte sich in ihn, geschmeichelt ging Bogart auf sie ein, jedoch nur halbherzig. Die Vorstellung, mit einer Frau verheiratet zu sein, die erfolgreicher war als er, bereitete ihm Probleme, aber für einen Rückzieher war es zu spät: Womöglich hätte er am Broadway nie wieder eine Rolle bekommen, wenn er die Braut mit dem weitreichenden Einfluß im einschlägigen Milieu enttäuscht hätte. So heirateten Helen Menken und Humphrey Bogart schließlich im Frühjahr 1926.

Der Hochzeitstag wurde ein ziemliches Desaster – ein schlechtes Omen für den Fortgang der Ehe. Die Eltern der Braut waren taubstumm, und ihnen zuliebe hatte Helen einen taubstummen Pfarrer ausgewählt, der die Zeremonie im

Apartment des jungen Paares im noblen New Yorker Gramercy Park Hotel in Zeichensprache abhielt. «Das wäre ja in Ordnung gewesen, aber dann versuchte der taube Mann auch noch zu sprechen, und was dabei herauskam, hatte keinerlei Ähnlichkeit mit irgendeiner bekannten Sprache. So verwandelte sich die ganze Zeremonie in eine Tragikomödie. Am Ende bekam Helen Heulkrämpfe und rannte vor den Reportern davon, die von der Hochzeit berichten wollten», schreibt Stephen Bogart.

In den folgenden Monaten der jungen Ehe setzten sich die Kommunikationsprobleme – wenn auch nicht wegen der Zeichensprache der Eltern – fort. Die Verbindung wurde schon nach eineinhalb Jahren wieder geschieden, weil es ständige Streitereien wegen solcher Lappalien gab wie der, was man dem Hund zu fressen geben sollte, und die *New York Herald Tribune* titelte, in Anspielung auf das Stück, in dem Helen Menken mitgespielt hatte: «Mit Humphrey Bogart nicht im ‹Siebten Himmel›». Im ersten Zorn machte Helen ihren Gatten für das Scheitern ihrer Ehe verantwortlich, aber später erzählte sie Lauren Bacall, es sei ihr Fehler gewesen, denn sie habe sich zuviel um ihre Karriere und zuwenig um ihre Ehe gekümmert – vielleicht ein gutgemeinter Hinweis von Frau zu Frau?

Ehefrau Nummer zwei, Mary Philips, folgte auf dem Fuße. Sie war Bogart schon 1924, noch bevor er Helen Menken geheiratet hatte, auf der Bühne über den Weg gelaufen und hatte sich von seinen ruppigen Bemerkungen nicht abschrecken lassen, was ihm schon damals imponiert hatte. Sie trafen sich nach Bogarts Scheidung wieder; im Herbst 1927 besuchte er gerade eine andere Schauspielerin und stieß hinter den Kulissen auf die einstige Kollegin. Von da an sahen sie sich öfter, und geheiratet wurde schon nach einem guten halben Jahr, im April 1928. Wie später mit Lauren Bacall stand Humphrey Bogart auch schon mit seiner zweiten Ehefrau im Scheinwerferlicht: Im Januar 1929 spielten sie ein Paar in dem Broadwaystück *The Skyrocket*. Zwar kritisierte die Presse die Oberflächlichkeit des Stoffes, war sich aber darin einig, daß das Paar eine besondere schauspielerische Leistung hingelegt hatte.

Doch der Erfolg scheiterte an den Umständen. Amerika erlebte schlechte Zeiten, die Depression dämpfte auch das Theatergeschäft, denn die Leute hatten kaum einen Cent für Eintrittskarten übrig, und die meisten Schauspieler mußten zusehen, auf welcher Bühne sie blieben. Dann erhielt Humphrey Bogart ein vielversprechendes Hollywood-Angebot und durchquerte eigens dazu die Vereinigten Staaten; an Ort und Stelle stellte sich jedoch heraus, daß man ihm überhaupt keine Rolle zugedacht hatte, sondern ihn lediglich als Stimmtrainer für einen anderen Schauspieler einstellen wollte, und so reiste er sogleich wieder geknickt nach New York zurück. Humphrey Bogart war noch längst kein Name, der am Starhimmel leuchtete, und was dem Paar an Geld zur Verfügung stand, kam von Mary. Humphrey Bogart konnte sich nicht einmal von seinen Eltern Geld leihen, denn auch die hatten sich verspekuliert. Zuzeiten hatte der arbeitslose Bogart überhaupt keine anderen Einnahmen als die paar Dollars, die er beim Schachspielen in New Yorker Clubs gewann. Er wohnte damals mit Mary in einem schäbigen, kleinen Apartment in der Nähe des East River.

Auch seine zweite Reise nach Hollywood sollte nur ein Intermezzo bleiben, doch entkam er damit dem bescheidenen Lebensstil und atmete die Luft Kaliforniens, wo es unbeschwerter zuging als in New York und er gleich in zwei Filmen mitspielen konnte, in *A Devil with Women* und in *Body and Soul*. Humphrey bekam gute Kritiken und weitere Rollen in anderen Filmen; in *Bad Sister* stand er erstmals mit Bette Davis vor der Kamera. Angeblich endeten seine Hollywood-Anfänge aber wegen seiner schlechten Manieren: Vor Bette Davis soll er sich wie ein Flegel benommen haben,

Alle Ehefrauen Humphrey Bogarts waren Schauspielerinnen.
Helen Menken (oben) und Mary Philips (rechts oben) hatte er während seiner Lehrjahre am Broadway kennengelernt, Mayo Methot (rechts unten) entdeckte er bei einem Empfang in Los Angeles. Doch Hollywood sollte Bogart noch eine vierte Frau in die Arme spielen.

und selbst seinen männlichen Kollegen soll der rüpelhafte Umgangston des jungen Schauspielers, den der Ruhm womöglich zu übermütig machte, auf die Nerven gegangen sein. Ob das stimmt oder nicht – Humphrey Bogart war vielleicht darüber ungehalten, daß er meistens kleine Schurken spielen mußte, und deren Verhalten färbte ab …

Und auch der Ehe wollte der Abstecher nicht bekommen. Amerikas Schauspielerehen können leicht an der Entfernung zwischen Hollywood und dem Broadway und an der Spannung zwischen Film und Theater scheitern. Die Bogarts hatten ein Apartment im Garden of Allah, einer Bungalowsiedlung, bezogen, aber Mary brannte nach kurzer Zeit wieder darauf, am Broadway aufzutreten, sie «sehnte sich nach dem Geruch der Schminke», wie sie selber sagte – als hätte es die in Hollywood nicht gegeben –, und so beschloß sie, alleine wieder nach New York zurückzukehren. Als ihr eine Rolle in der Bühnenversion von James M. Cains populärem Roman *Wenn der Postmann zweimal klingelt* angeboten wurde, zögerte sie trotz den Einwänden ihres Mannes nicht lange. Zwar soll er um die Chance gebettelt haben, endlich zu beweisen, daß er allein eine Frau und vielleicht auch Kinder versorgen könnte – vielleicht ein männliches Grundbedürfnis, das auch Bogarts dritte Ehe noch nicht befriedigen sollte –, aber: «Ich muß es tun», sagte Mary und bestieg den Zug, der sie an die Ostküste Amerikas zurückbrachte. Bevor sie sich trennten, hatten die beiden die überaus moderne Vereinbarung getroffen, eine ‹offene Beziehung› zu führen, wie man heute sagen würde. Sie wollten sich die Treue halten, ohne auf womöglich sich bietende Liebesabenteuer zu verzichten.

Damit aber war das Ende dieser Ehe bereits besiegelt: Mary verliebte sich bald in ihren Schauspielerkollegen Ronald Young, und während sie mit dem Postmann auf einer Broadway-Bühne stand, lernte Humphrey Mayo June Methot Morgan kennen, die seine dritte Ehefrau werden sollte. Als Mary witterte, wie ernst es Bogart mit seiner neuen Liebschaft zu sein schien, eilte sie flugs zurück nach Hollywood. Vielleicht ließ sich die Ehe doch noch retten. Die beiden bezogen eine Wohnung am legendären Sunset Boulevard, «wo Stars und solche, die es werden wollten, zusammen tranken und lachten und gelegentlich auch miteinander schliefen», schreibt Humphrey Bogarts Sohn. Doch das Glück ließ sich nicht mehr kitten, Bogart schlief mit einer anderen, und auch Ehe Nummer zwei wurde wieder aufgelöst.

Ehe Nummer drei mit Mayo Methot währte länger als eins und zwei, nämlich immerhin verflixte sieben Jahre – so lange, bis Lauren Bacall ihren Premierenauftritt bekam. 1936, in einem Hotel in Los Angeles, wo ein Dinner für die Screen Actors Guild ausgerichtet wurde, wanderten erstmals Blicke von Tisch zu Tisch. Es muß Mayo Methot zutiefst beeindruckt haben, als Humphrey Bogart plötzlich aufsprang, eine nackte Nymphe aus Gips von einem Sockel nahm, damit gemessenen Schrittes zu ihr hinüberging und ihr die Statue mit den Worten überreichte: «Der Oscar für die schönste Frau im Saal.» Wer konnte da noch widerstehen?

Über Gedeih und Verderb der neuen Ehekonstellation wurde bald gestritten. Louise Brooks schreibt wohlwollend: «Er fand sie in einer Zeit der Lethargie und Einsamkeit, als er womöglich weiterhin zweitklassige Gangsterrollen bei Warner Brothers gespielt hätte und dann nach einem Jahr weg vom Fenster gewesen wäre. Aber er lernte Mayo kennen, und sie feuerte ihn an. Jene Leidenschaften – Neid, Haß, Gewalttätigkeiten, die zum Wesen des Bogey-Charakters gehörten und die viele Jahre, vom Mißerfolg zugedeckt, unter der Oberfläche gebrodelt hatten – brachte sie so zum Kochen, daß der Deckel, der seine Hemmungen unter Verschluß gehalten hatte, für immer davonflog. Mayos Mission erfüllte sich zum Teil direkt unter meinen Augen.» Bette Davis sieht das vollkommen anders: «Mayo Methot, Bogeys

Frau, unterschätzte immer nur seine Fähigkeiten als Schauspieler. Selbstvertrauen hat sie ihm niemals gegeben. Nachdem mir von ihren Kämpfereien zu Ohren gekommen war, erschienen mir meine eigenen Kämpfe mit Ham wie niedliche Zänkereien! Er hatte ihr sogar schon mehrere Veilchen verpaßt.»

Humphrey und Mayo hatten sich in Hollywood in der Tat bald als «Battling Bogarts», als ständig miteinander streitendes und raufendes Paar, einen zweifelhaften Ruf verschafft. Schon die Hochzeit am 21. August 1938 und die nach heftigem Streit in getrennten Betten verbrachte Hochzeitsnacht mochten ein Auftakt zu den handgreiflichen und lautstarken Auseinandersetzungen sein, die diese Ehe charakterisieren sollten und bei denen stets der Alkohol im Spiel war. Die Exzesse gingen so weit, daß die Bogarts als Paar Lokalverbot im New Yorker Club ‹21› erhielten – nur noch einzeln erhielten die Kampfhähne dort Einlaß. In dieser Hinsicht waren den beiden später vielleicht nur noch Liz Taylor und Richard Burton ebenbürtig, die sich abwechselnd küßten und schlugen. Mayo und Humphrey fügten sich gegenseitig so manchen blauen Fleck zu, aber diese Blessuren trugen sie wie Trophäen zur Schau, denn genau diese Gewaltanwendungen schienen auch das Perpetuum mobile ihrer Liebesbeziehung zu sein. Howard Hawks, der die Streitereien zwischen Mayo Methot und Humphrey Bogart als «eine Art sexuelles Vorspiel» einschätzte, soll Bogart von Mann zu Mann einmal gefragt haben, ob er denn überhaupt zu einer Erektion käme, wenn er sich zuvor nicht mit Mayo gestritten hätte, und seine Antwort soll gelautet haben: «Ich glaube, du hast recht. Wahrscheinlich könnte ich es nicht.» Doch Stephen Bogart, dem all die Skandalgeschichten über seinen Vater kolportiert wurden, begegnet allen mit Mißtrauen: «Sie klingen irgendwie unglaubwürdig. Sie klingen nach Showbusineß. Sie klingen wie die Screwballkomödien der vierziger Jahre, in denen sich auch immer zwei Leute mit Dingen bewarfen und Minuten später darüber lachten.»

In der Tat, geworfen wurde viel: mit Blumenvasen, mit Schnapsgläsern, mit Flaschen oder einem Schlüsselbund – es flog immer durch die Luft, was für den, dem das Temperament durchging, gerade griffbereit war. Die Schauspielerin Gloria Stuart, der Star aus *Gold Diggers of 1935* und 1997 als sehr alte Dame in James Camerons Titanic-Verfilmung zu sehen, erinnert sich, daß Mayo eines geselligen Abends damit drohte, alle Anwesenden zu erschießen. «Aber ich glaube, die Streitereien regten die beiden an», meinte auch sie. Man schlägt sich, man verträgt sich – auch im traumhaften Hollywood. Humphrey Bogart selbst sprach mit einem zynischen Lächeln von den «erstklassigen Kämpfen», die er mit Mayo ausgetragen habe. «Wir sind beide Schauspieler, also fangen wir leicht zu streiten an. Schauspieler erkennen schneller als andere Leute das dramatische Potential einer Situation und können nur schwer der Versuchung widerstehen, es zur Geltung zu bringen. Wir haben beide begriffen, daß eine der wichtigsten Sachen, die es in der Ehe zu meistern gilt, die Technik des Streits ist.»

Doch hinter dieser heldenhaften Selbstdarstellung verbargen sich Kummer und Ängste. Mayo trank und schlug um sich, weil sie unglücklich und orientierungslos war. Sie hatte ihre Karriere als rosiger, draller Kinderstar unter dem Namen ‹The Portland Rosebud› begonnen, war dann eine Zeitlang am Broadway aufgetreten, aber schon während der Ehe mit Bogart blieben die Angebote aus. Sie war weit davon entfernt, etwa als Schauspielerin einen Oscar zu bekommen. 1937, in *Marked Woman* [Mord im Nachtclub] spielte sie ein Animiermädchen, während Bogart als Bezirksanwalt David Graham in einer Hauptrolle neben Bette Davis stand. Der ungleiche Karriereverlauf der Eheleute führte zu täglichen – und nächtlichen – Reibereien; Humphrey verfolgte einzelkämpferisch seine schauspielerische Laufbahn, Mayo fand keine Unterstützung und keine berufliche Identität, versuchte, im Rausch zu vergessen. Der Alkohol war schneller zur Hand als eine Problemlösung, die Raufereien waren das einzige Ventil, das sich bot.

Hinzu kam, daß Mayo wie Humphrey bereits zwei gescheiterte Ehen hinter sich hatte und ihre Eifersucht keine Grenzen kannte. Wann immer Humphrey mit einer anderen Frau vor der Kamera stand, vermutete sie Schlimmstes. Der Regisseur John Huston war deswegen Mayos erklärter Feind. Er fand, sie sehe aus wie ein Bullterrier, wenn sie in Rage in die Studios kam, um zu kontrollieren, was Bogart gerade so trieb, und dabei den ganzen Set durcheinanderbrachte. Ganz besonders wild wurde sie während der Dreharbeiten mit Ingrid Bergman zu *Casablanca*, obwohl die Bergman an dem Privatmann Bogart überhaupt nicht interessiert war: «Ich habe ihn geküßt, aber ich habe ihn nie gekannt», waren ihre Worte. Erst später sollte sich Mayos Befürchtung bewahrheiten: War sie selber vor einigen Jahren in das Leben eines verheirateten Mannes eingedrungen, so fürchtete sie nun, die Rollen könnten sich vertauschen und sie könne diesmal zur betrogenen Ehefrau werden, während Bogart sich mit einer Nachfolgerin aus ihrem Leben und direkt in Richtung Traualtar verflüchtigte.

Mit *Casablanca* war ihm der Durchbruch tatsächlich gelungen, und Mayos Selbstbewußtsein schrumpfte immer mehr in sich zusammen, ihr Alkoholkonsum steigerte sich. Hinter Mayos Eifersucht auf Ingrid Bergman verbarg sich vielleicht nicht nur die sichere Ahnung, daß Bogarts wachsender Erfolg sich zwischen die beiden Eheleute stellen konnte; ihr verzweifelter Zorn wußte instinktiv, daß Ingrid Bergman ihrem Bogart besonders gut gefiel. Schließlich wurde Lauren Bacall von Hawks zu Bogarts Partnerin in *To Have and Have Not* ausersehen, weil der Regisseur in der Tat eine zweite Bergman in ihr gesehen hatte. Sie entsprach dem weiblichen Charakter, mit dem man an den Erfolg von *Ca-*

sablanca anknüpfen wollte. Louise Brooks hatte alles genau im Blick: «Mit dem Start von *Casablanca* war aus Humphrey Bogart ein Kassenschlager geworden. Es war Zeit für den Auftritt von Lauren Bacall, die auch seine perfekte Leinwandpartnerin werden sollte, so verführerisch wie Eva, so kühl wie die Schlange.»

To Have and Have Not

Als Humphrey Bogart 1943 die Rolle des Harry Morgan in *To Have and Have Not* angeboten wurde, war er Mitte Vierzig und als Darsteller endlich hoch geachtet. Mit *Casablanca* war er zum internationalen Star avanciert, und sein Schauspielerimage hatte sich verändert. Er war nicht länger der knallharte Gangster, den er in etlichen Filmen dargestellt hatte, sondern entwickelte sich in den vierziger Jahren, die auch seine eigenen vierziger waren, zu dem unverwechselbaren, melancholischen Macho, von dem der Bogie-Mythos bis heute zehrt. Harry Morgan ist ein zynischer Einzelkämpfer, der – wie zuvor Rick Blaine in *Casablanca* – zwar behauptet, sich aus allem politischen Geschehen herauszuhalten, im Namen der gerechten Sache und mit gerechtem Zorn jedoch zu allem bereit ist.

Die Warner Brothers spezialisierten sich seit Anfang der vierziger Jahre geradezu auf Spielfilme über den Krieg, der im gar nicht so fernen Europa andauerte; Filme, die seit Kriegseintritt der USA auch eine patriotische Botschaft transportierten. Die neueste Warner-Produktion spielte im Jahre 1940, die Nazis waren schon nach Frankreich vorgedrungen, und Morgan soll einem französischen Untergrundkämpfer helfen. Die Vorlage für *To Have and Have Not*, der Roman von Ernest Hemingway, wurde aus politischen Gründen weitgehend manipuliert, um einen aktuellen Bezug herzustellen: Man verlegte die Handlung von Key West nach Martinique und verwandelte den aus Kuba herausgeschmuggelten Chinesen kurzerhand in einen entkommenen Vichy-Franzosen. Wie schon bei *Passage to Marseille* versuchte man auch diesmal, mit allen stilistischen Mitteln und den Figurenkonstellationen an den Erfolg von *Casablanca* anzuknüpfen.

Als Lauren Bacalls Vertrag mit den Warner-Studios unter Dach und Fach gebracht wurde, war sie zwar glücklich über die Rolle der Marie Browning in *To Have and Have Not*, doch als sie erfuhr, daß Humphrey Bogart ihr männliches Gegenüber sein sollte, verzog sie das Gesicht. Sie interessierte sich nicht für Gangsterfilme, außerdem kannte sie das ganze unschöne Spektakel mit Mayo. Sie hielt Bogart für einen hirnlosen Alkoholiker, der außer knalligen Sprüchen nichts im Kopf hatte. War also schon nicht der angebetete Leslie Howard ihr Partner geworden, warum dann nicht der smarte, immer um äußerste Gepflegtheit bemühte Cary Grant? Er entsprach weitaus mehr ihren Vorstellungen von einem Gentleman, und wahrscheinlich hatte sie ihn in den beiden Hawks-Filmen *Bringing up Baby* [Leoparden küßt man nicht] und *His Girl Friday* [Sein Mädchen für besondere Fälle] gesehen. Nun, Cary Grant stand bei der Columbia unter Vertrag, aber hier hatte sie das Angebot einer Rolle in *Cover Girl* ja längst abgelehnt. Nun gab die neunzehnjährige Betty also mit dem Superstar Humphrey Bogart ihren allerersten Auftritt in einem Hollywoodfilm – sie hatte hoch gepokert, aber wie richtig war es doch gewesen, die Statistenrolle auszuschlagen, denn gleich bei ihrem Filmdebüt stand sie in einer Hauptrolle.

Man kann sich denken, wie nervös die junge Frau war, die sich zum erstenmal vor einer Filmkamera bewegte, und dann auch noch zusammen mit einem Star wie Humphrey Bogart, der bekanntlich nicht gerade sanft mit seinen Kolleginnen umging. Sie zitterte, er konnte den Gelassenen spielen. Vielleicht war genau diese Rollenverteilung zwischen den Zeilen der Drehbuchseiten der Zündfunke, der die Liebe zwischen beiden entfachte. Lauren Bacall hatte gleich bei ihrem Debüt im Filmgeschäft den so lang vermißten Vater gefunden, der ihr etwas beibringen konnte, der ihr die Hand reichte, um sie genau dorthin zu führen, wo sie schon immer hinwollte. Humphrey Bogart äußerte später einmal, Lauren habe sich immer zu älteren Männern hingezogen gefühlt, die ihr etwas beibringen konnten.

Bogart seinerseits mochte seine neue Rolle in der Rolle genießen. Seine längst Verflossenen Helen Menken und Mary Philips hatte er, der ewig Erfolglose, noch als berufliche Konkurrenz empfunden, was er nur schlecht hatte ertragen können. Und während er sich im Ehealltag mit Mayo Methot immer nur als labil erlebte, obwohl er doch inzwischen ein respektierter Schauspieler war, durfte er sich jetzt stark fühlen und jene Überlegenheit an den Tag legen, die er in seinem Beruf inzwischen unter Beweis gestellt hatte. Bette Davis, die Bogart recht gut einschätzen konnte, schreibt: «Er war ein reifer Mann, und sie war noch ein Kind, und ich denke, er hatte alles in der Hand, um ihr zu zeigen, wo es im Leben langgeht. Ich war ihr früher einmal in New York begegnet, als sie noch die Schule besuchte. Sie war ein Fan, und ich brachte ihr Tee. Sie war nervös wie eine Katze, aber selbst da besaß sie noch eine gewisse Qualität. Sie ist besser, als Hollywood denkt.»

Die Marie Browning im Film ist mittellos auf Martinique gestrandet und hilft sich mit kleinen Taschendiebereien aus der Klemme. Die erste gemeinsame Szene zeigt Bogart und Bacall in dem schäbigen Hotel Marquis auf der Karibikinsel. Marie, das Mädchen aus dem Zimmer gegenüber, erscheint plötzlich in der Tür: «Hat hier jemand ein Streichholz?» Während er in seinem Zimmer nach dem Gewünschten sucht, lehnt sie lauernd, mit der kalten Zigarette im Mundwinkel, im Türrahmen. Das Licht fällt durch die Jalousien und wirft Streifen auf Maries schlanke Gestalt. Souverän fängt sie die Streichholzschachtel auf, zündet sich die Zigarette an und wirft das Päckchen wieder zurück auf Harrys Tisch – die Szene mußte mehrmals wiederholt werden, weil Lauren Bacalls Hände vor Aufregung noch viel mehr zitterten als damals in der Suite von Bette Davis.

Zunächst fielen nur Filmküsse zwischen den Frischverliebten, doch die doppelte Ebene – Rollenspiel und Realität – spielte den beiden Flirtenden das zarte Rüstzeug für die perfekte Liebeswerbung geradezu in die Hände. Mit dem Drehbuch von *To Have and Have Not* hatten Bogart und Bacall eine perfekte Vorlage für ihre Sprache der Liebe, und das Spiel ging auch nach Drehschluß weiter.

Kernstück des Films ist die immer wieder zitierte Whistle-Scene. Marie sitzt inzwischen im Morgenmantel auf Harrys Schoß und küßt ihn. «Ich wollte mal sehen, wie's mir gefällt.» Auf seine Frage, wie es denn gewesen sei, antwortet sie ihm, das wisse sie noch nicht, und dann küßt sie ihn gleich noch einmal. Im Hinausgehen verrät sie ihm, was er tun müsse, wenn er wieder etwas von ihr wolle: «Du mußt nur die Lippen spitzen und pusten.»

Die doppelte Ebene – Rollenspiel und Realität – spielte den beiden Flirtenden das zarte Rüstzeug für die perfekte Liebeswerbung geradezu in die Hände: Was Verliebte sich erzählen, steht immer in einem Subtext, ist ein verschlüsselter Text voller Indirektheiten und Anspielungen, die ein Dritter nicht unbedingt versteht. Mit dem Drehbuch hatten Bogart und Bacall eine perfekte Vorlage für ihre Sprache der Liebe, und das Spiel ging auch nach Drehschluß weiter. «Gegen elf Uhr klingelte das Telefon – es war Bogie. Er hatte etwas getrunken, war nicht zu Hause und wollte einfach wissen, wie es mir ging. Genau wie im Film nannte er mich Slim und ich ihn Steve, genauso, wie Hawks und seine Frau sich anredeten. Eine ganze Weile plauderten wir über alles mögliche, dann sagte Bogie mir noch einmal gute Nacht. Mehr passierte nicht, aber von diesem Tag an hatte sich unsere Beziehung grundlegend verändert.»

Nein, derlei nächtliche, telefonische Nachfragen gehörten durchaus nicht zu den unter Arbeitskollegen üblichen Aufmerksamkeiten.

Es war nicht weiter schwierig für Humphrey Bogart, die junge Frau für sich zu gewinnen. Sie war ein Neuling in der Hollywood-Familie, wo jeder jeden kannte, und er kümmerte sich um sie, auch in den Drehpausen, in denen er sonst immer nach Hause gefahren war. Nun blieb er auf dem Studiogelände und fuhr mit wehendem Trenchcoat auf dem Fahrrad so lange herum, bis er Lauren Bacall begegnete oder sie an der Garderobe abfangen konnte. Bald war es selbstverständlich, daß sie mittags gemeinsam in die Kantine gingen, bald auch nur noch an einem Zweiertisch saßen, statt sich zu der Crew zu gesellen, bald auch, daß er sie in seinem Wagen nach Hause fuhr. Es dauerte nicht sehr lange, bis Lauren Bacall ihre Vorurteile abgelegt hatte. Der vermeintliche Rüpel präsentierte sich ihr als perfekter Gentleman, der nicht nur das Feuerzeug zückte, sobald sie in der Handtasche nach Zigaretten kramte, sondern der in Unterhaltungen auch Esprit und ein klares Urteilsvermögen besaß.

Howard Hawks war im ersten Moment nicht besonders begeistert, als er mitbekam, was sich da zwischen seinen beiden Hauptdarstellern anbahnte. Er fürchtete, die beiden könnten im ersten Liebeseifer den Unterschied zwischen Dichtung und Wahrheit vergessen, und auch später ließ er sich von seiner Meinung nicht abbringen, daß Bogart sich bloß in die Rolle der Bacall verliebt hatte. Hawks mochte – zu Recht – befürchten, daß eine Romanze zwischen den beiden Schauspielern die Konzentration stören und damit den neuen Film verhunzen könnte, doch genau das Gegenteil war der Fall. Traut man dem Urteil von Nancy ‹Slim› Hawks, so kam ihrem Mann diese Vermischung von Dichtung und Wahrheit sogar noch entgegen: «Howard errichtete ein solches Phantasiegebäude um sich herum, daß er am Ende daran glaubte, daß es wirklich sei. Er dachte nie daran, daß ich Tatsachen und Erfindungen in einen Zusammenhang bringen würde, aber das tat ich, einfach indem ich mitbekam, wie er neuen Zuhörern immer dieselben Geschichten erzählte. Jedesmal war der Stoff etwas anders – er würde das Script vollständig umschreiben.»

Konnten die Verliebten den Drehbuchtext für ihre Werbung nutzen, so durfte Howard Hawks die unvorhergesehene Verliebtheit seiner beiden Hauptdarsteller für seine Inszenierung fruchtbar machen, denn mit der Verschmelzung von Leinwand- und Lebenswirklichkeit spielte der Regisseur schließlich trotz all seiner Einwände – war der Entdecker junger talentierter Frauen womöglich eifersüchtig auf Bogart? – ganz bewußt. Er setzte in seiner Dramaturgie das Wissen der Zuschauer um das ein, was sich im Leben der beiden Schauspieler gerade wirklich vollzog.

To Have and Have Not wurde zwar nicht zu dem herausragenden Erfolg wie *Casablanca*, aber daß der Film dennoch zu einer Legende geworden ist, verdankt er nicht zuletzt der wahren Liebesgeschichte im Hintergrund, wodurch die Dialoge der beiden Hauptdarsteller besonders zweideutig wirken. Der Autor und Filmkritiker James Agee schrieb denn auch in *The Nation*, daß die Handlung von *To Have and Have Not* sich mehr auf Charaktere und Atmosphäre konzentriere als auf einen Plot. «Das Beste an diesem Film hat überhaupt keinen Plot, sondern ist eine gemächliche Reihe von Balzduellen zwischen einem überaus erfahrenen Humphrey Bogart und der sehr unterhaltsamen, kecken, jugendlichen neuen Blondine Lauren Bacall. Ob Sie diesen Film mögen werden oder nicht, wird davon abhängen, ob Sie Miss Bacall mögen.»

Und die Zuschauer mochten sie, sie mochten vor allen Dingen das neue Leinwandpaar, dessen Liebe, wie man bald wußte, sich aus dem Reich des Fiktionalen hinausbewegt hatte. So suchen auch die Filme, die auf *To Have and Have Not* folgten, eine Verbindung von Fiktion und Wirklichkeit. Schon der Vorspann zum zweiten gemeinsamen Film, *The Big Sleep*, in dem die Silhouette eines Paares zu sehen ist und der Mann der Frau Feuer gibt, ist eine Reminiszenz an diesen ersten gemeinsamen Auftritt in *To Have and Have Not*; und wenn Philip Marlowe und Vivien Rutledge feststellen, daß sie noch eine ganze Menge Spaß miteinander haben könnten, denkt man an genau jene Worte, die Humphrey Bogart zu Lauren Bacall gesagt haben soll, als sie ihm als seine Partnerin in *To Have and Have Not* vorgestellt wurde. Auch der Showdown von *The Big Sleep* wurde später in Abwandlung von Raymond Chandlers Romanvorlage ganz auf das Liebespaar zugeschnitten. Bogart fragt Bacall: «Was ist los mit dir?» Und sie antwortet: «Nichts, was du nicht in Ordnung bringen könntest.» Das Publikum, in Kenntnis der wahren Liebesgeschichte, erwartete geradezu deren Fortsetzung auf der Kinoleinwand. «Und in der Tat, es bestehen kaum Zweifel darüber, daß diese beiden am Ende des Films für immer zusammenbleiben werden, gehüllt in Zigarettenrauch, mit der Erfahrung, gemeinsam Gefahren überstanden zu haben, und in dieser für Hawks typischen gegenseitigen Bewunderung für das photogene Paar.»

Wie schnell sie als Paar zu einem Begriff wurden, das beweist auch der Film *Two Guys from Milwaukee* von David Butler aus dem Jahre 1946. Darin haben Humphrey Bogart und Lauren Bacall, ganz frisch verheiratet, am Ende einen kleinen Gastauftritt – und spielen sich selbst: Der Hauptdarsteller stolpert im Flugzeug über eine aparte, junge Frau und frohlockt – zu früh, wie sich herausstellt, denn plötzlich taucht Humphrey Bogart auf, ihr Mann, um sich auf den Platz neben der Schönheit zu setzen.

Das harmonische Bild des Paares Humphrey Bogart und Lauren Bacall sticht ganz gegen jenes ab, das gewöhnlich von der Ehe Humphrey Bogarts mit Mayo Methot vermittelt wird, ja, es strahlt um so heller, weil es in dieser so chaotisch zugegangen war, und damit ließ sich in Hollywood bare Münze machen. Ganz gleich, was böse Zungen in den Klatschkolumnen auch immer wieder behaupten mochten: Hollywood hatte sein Märchen, und die Kassen klingelten überall dort, wo Fanmagazine und Klatschzeitschriften verkauft wurden. Doch zuvor bot das Gerangel um die beiden Frauen der Presse noch jede Menge reißerischen Stoff.

Bogarts vierte Frau

In der Ehe mit Mayo Methot wurde nicht nur um sich geworfen, sondern gelegentlich auch scharf geschossen: Ehefrau Nummer drei zielte mit echten Revolvern auf ihren Helden. Als die Ehe schon kriselte, bedrohte sie ihn mit einer Flinte, so daß er sich im Badezimmer verschanzen mußte und das Haus nicht verlassen konnte, um zur Arbeit in die Studios zu gehen. Lauren Bacall war da ein anderes Kaliber: Sie ließ die Waffen einer Frau sprechen, war dabei schön und scharfzüngig.

Beide Frauen standen sich gegenüber wie Bogarts böse und gute Fee, sie wirkten wie zwei grundlegend verschiedene Lebensprinzipien in seiner Vita. Mayo galt als unkontrolliert und versoffen, ihr eigentlich hübsches Gesicht war vom jahrzehntelangen Trinken aufgeschwemmt und hatte einen Stich ins Ordinäre bekommen, sie wurde von der Presse denn auch bald als alternde Schlampe und abgehalfterte Schauspielerin in Szene gesetzt. Lauren hingegen galt als zielstrebige, aufstrebende Schauspielerin, war elegant, rank und schlank und zehrte vom Bonus der Jugend. Mayo griff zu harten Spirituosen, Betty blieb beim Mineralwasser. Mayo Methot und Humphrey Bogart hatten Seite an Seite das verwegene, lasterhafte Hollywood verkörpert. Lauren Bacall und Humphrey Bogart boten den Medien nicht nur ein romantisches Vorbild, sondern kamen auch dem moralischen Reinheitsgebot eines puristischen Amerika entgegen. Aus Bogart war plötzlich der gebändigte Rebell im beruhigten Hafen der Ehe geworden. Kollegen hatten – als er noch mit Mayo verheiratet war – festgestellt, daß er sich am Set hin und wieder zurückzog, um Papiere aus der Tasche zu ziehen. Was machte er da bloß? Nun, er lernte noch schnell seine

Rolle auswendig. Zu Hause hatte er keine Gelegenheit dazu gefunden, denn sobald er und Mayo in Tuchfühlung waren, war an Konzentration auf eine Arbeit nicht mehr zu denken. Diese Zeiten schienen jetzt der Vergangenheit anzugehören: Neuerdings erschien der Frischverheiratete einigermaßen entspannt in den Studios und kannte seine Rolle von Anfang bis Ende.

Zwar endete mit der Liebesbeziehung Humphrey Bogarts zu Lauren Bacall zugleich auch seine Ehe mit Mayo Methot, doch setzte er seine geliebten dramatischen Inszenierungen jenseits der Studios noch für eine Weile mit zwei Frauen fort. Nach Abschluß der Dreharbeiten zu *To Have and Have Not* stand für Bogart die Entscheidung an, der weiblichen Doppelbesetzung in seinem Leben ein Ende zu bereiten. Sollte er seine hübsche, junge Filmpartnerin als Affäre abhaken, sobald der Film abgedreht war und er das Studiogelände verließ? Dazu, das war ihm klar, hatte sie ihn doch schon viel zu sehr in ihren Bann gezogen. Oder sollte er sich von Mayo trennen und sich mit einem Mädchen zusammentun, das fünfundzwanzig Jahre jünger war als er und seine Tochter hätte sein können? Am Ende wünschte sie sich Kinder, Familie! Welche Verantwortung kam da auf ihn zu? Womöglich die, nach der er sich schon immer gesehnt hatte! Andererseits schreckte er immer noch davor zurück, nun auch noch eine dritte Ehe, so katastrophal sie auch war, für gescheitert erklären zu müssen. So oder so, was immer er unternehmen würde, ein Drama bliebe ihm nicht erspart. Wenn er sich dazu entschlösse, das Leben mit der verteufelt-vertrauten Mayo weiterzuführen, würden sie sich weiter rund um die Uhr zuprosten, er würde seine Gesundheit und seine Karriere aufs Spiel setzen, sie würden sich in regelmäßigen Abständen prügeln, beschimpfen und wieder versöhnen: es wäre ein Schrecken ohne Ende. Wenn er sich aber zu einer Trennung von Mayo aufraffen würde, mußte er mit ihren hysterischen Ausbrüchen, mit ihren Verfluchungen, gar mit ihrem Selbstmord rechnen, den sie ihm auch schon angedroht hatte: es wäre ein Ende mit Schrecken. Mochte Humphrey auch an seiner lasterhaften Gattin hängen, glücklich wurde er mit ihr nicht. Innerhalb der Grenzen ihres gemeinsamen Lotterlebens wirkten Besäufnisse und Gewalttätigkeiten normal, und es gab überhaupt keinen Grund für Bogart, sich zu ändern. Doch die Exzesse, die sie verbanden, zehrten an seinen Kräften, auch wenn er sich gern mit ihnen brüstete. An Lauren Bacall wiederum gefiel ihm einfach viel mehr – im Unterschied zu der welkenden Mayo war sie eine Augenweide, und daß diese junge Frau ihn anhimmelte, schmeichelte ihm, dem Mann Anfang Vierzig, der seine Midlife-crisis herunterspülte und sich altern fühlte, da ihm die Haare schon ausfielen, kaum daß er zu Geld und Ansehen gekommen war.

Gewiß paßte auch diese vierte Ehe mit einer blutjungen Frau zu seinem Karrieresprung; der in die Jahre gekommene Schauspieler war an einem Punkt seiner Laufbahn angelangt, die ihn zu dem Star «Bogey» machte, und er fand in der jungen Frau eine Schülerin, die zu ihm aufblickte und vor der er sich als ein alter Hase im Metier fühlen konnte. Doch hätte ein privater Seitenwechsel Anstrengung bedeutet, er müßte womöglich seinen Lebensstil rechtfertigen und seinen Lebensalltag, seine liebgewordenen Gewohnheiten und Laster ändern!

Nimmt man alle – selbst die widersprüchlichsten – Aussagen der Zeitgenossen zusammen, so entsteht ein Bild eines Humphrey Bogart, der während des Jahres 1944 ziemlich kopflos zwischen den beiden so ungleichen Frauen hin und her taumelte. Eine Zeit der heimlichen Treffen nahm ihren Lauf. Die Frischverliebten suchten sich entlegene Restaurants für ihre Tête-à-têtes, und sie küßten sich in Bogarts parkendem Wagen an dunklen Ausfallstraßen – wie später als Liebespaar in *The Big Sleep*. Lauren Bacall nahm lange Autofahrten auf sich, um den Mann ihres Lebens zu treffen.

Zwei Seelen wohnten, ach, in seiner Brust – und er schien lange nicht in der Lage, eine Herzensentscheidung herbeizuführen.

Verklärte Bogart-Fans erzählen unbeirrt die Legende von der romantischen Liebe auf den ersten Blick, die erst der Tod des Schauspielers zu scheiden vermochte. Die Gegenseite will mit dieser Legende aufräumen und sucht mit der Lupe nach perfiden Machenschaften der Bacall – und ihrer ehrgeizigen Mutter –, die sich aus purer Karrieresucht in den Kopf gesetzt hatte, sich diesen Hollywoodstar zu angeln. Böse Zungen behaupteten sogar, Lauren Bacall habe das Gerücht in die Welt gesetzt, von Humphrey Bogart schwanger zu sein, um ihn damit endlich zu einer Entscheidung zu zwingen. Die Wochen und Monate zwischen dem Beginn der neuen Beziehung und der Scheidung von Mayo Methot waren jedoch für alle Beteiligten ein einziges, nervenaufreibendes Gezerre. Nachdem Humphrey seiner Mayo reinen Wein eingeschenkt und aus der gemeinsamen Wohnung geflüchtet war, um sich ein Hotelzimmer in Beverly Hills zu nehmen, wurde sie schwer alkoholisiert in eine Klinik eingewiesen. Bogart, der im klatschsüchtigen Hollywood sofort davon erfuhr, packte das schlechte Gewissen, er fühlte sich verantwortlich und kehrte zu ihr zurück, was wiederum Lauren Bacalls Nervenstärke auf die Probe stellte. Als Mayo eine Zeitschrift in die Hände fiel, in der die Love-Story zwischen ihrem Noch-Gatten und der aufstrebenden Schauspielerin dokumentiert wurde, soll sie sofort wieder auf den Beinen gewesen und in die Studios gehastet sein, wo gerade *The Big Sleep* gedreht wurde: «Hör zu, du jüdische Schlampe, was denkst du dir eigentlich, wer soll seine Socken waschen? Du etwa? Willst du für ihn sorgen?» Die Situation eskalierte. Mayo randalierte. Lauren brach in Tränen aus. In jener frühen Phase soll es noch mehrere filmreife Treffen im Schutze der Dunkelheit gegeben haben, heimliche Begegnungen zwischen ihm und Lauren Bacall, bei denen er sie um Geduld bat und ihr immer wieder beteuerte, wie dringend er sie brauche.

Nach Abschluß der Dreharbeiten von *To Have and Have Not* hatten die Treffen zwischen den beiden Hauptdarstellern vorerst ein Ende. Drei Monate durften sie sich nicht sehen, denn Warner legte größten Wert darauf, daß die Affäre zwischen dem minderjährigen Starlet und ihrem reifen Kollegen, der immer noch verheiratet war, nicht an die große Glocke gehängt wurde, auch wenn das ganze puritanische Amerika längst davon wußte und die Publicity das erotische Knistern zwischen den beiden Hauptdarstellern für die Promotion des Filmes ausgeschlachtet hatte. Jetzt, da die beiden ernst machten, schickte man Lauren Bacall auf Kosten von Warner erst einmal zurück nach New York, um einen Skandal zu vermeiden, und sie packte die Koffer.

Als Betty unter dem neuen Namen in ihrer Heimatstadt eintraf, wurde ihr ein triumphaler Empfang bereitet. An der Grand Central Station lauerten die Photographen, und auf allen Zeitungen prangten Schlagzeilen: «Zweifelsohne der größte Presseauflauf aller Zeiten für eine Ankunft aus Hollywood». Sie wurde als neuer Stern am Himmel Hollywoods gefeiert, als weibliches Pendant zu Humphrey Bogart, ebenso cool wie er.

War Betty auch brav an die Ostküste zurückgekehrt, so ließ sich der in seiner Liebe entbrannte Humphrey keineswegs etwas vorschreiben und nicht davon abhalten, ihr hinterherzureisen. Als Lauren Bacall von seiner Ankunft erfuhr, weinte sie Freudentränen. In New York, weit weg von der Rivalin, konnte sie sich Humphrey Bogart näher fühlen. Wie sie stieg er im Gotham Hotel ab, um ihr ‹sein› New York zu zeigen, die Stätten seiner Kindheit und Jugend und seine Lieblingsbar, den Club ‹21›. Die Presse verlangte Klarheit; schließlich gab Warner sich geschlagen, und die Trennung Humphrey Bogarts von Mayo Methot wurde am 19. Oktober 1944 offiziell verkündet. Seither war Mayo ihrem Mann erst recht auf den Fersen, ständig klingelte das Telephon im Beverly Hills Hotel, wo er – wieder zurück an der Westküste – abgestiegen war und wo er Lauren Bacall immer wieder in seine Suite einschleuste.

Die Rückkehr der beiden Stars nach Hollywood hatte sich nicht lange hinauszögern lassen, denn die Arbeit ging weiter: Inzwischen wurde *The Big Sleep* gedreht. Beim Ansehen des Films spürt man nicht, daß sich die Dreiecksgeschichte zwischen Bogart, Mayo und Lauren während der Dreharbeiten zuspitzte. Nicht nur Novembergrippen, die sämtliche Darsteller schwächten, behinderten ihren pünktlichen Abschluß, Mayo hatte es in all ihrer Verzweiflung geschafft, Bogart mit erpresserischen Methoden zur Rückkehr zu bewegen. Sie hatte ihm hoch und heilig versprochen, sich zu mäßigen, und Bogart, der sie vielleicht nicht mehr liebte, aber sich verantwortlich für sie fühlte, wollte ihr doch noch eine Chance geben und zu ihr zurückkehren. So kam er eines Tages in Lauren Bacalls Garderobe, um ihr wie beiläufig mitzuteilen, was er zu tun gedenke. Sie war fassungslos, aber statt hysterisch mit Kleiderbügeln zu werfen, wie Mayo es in dieser Situation wohl getan hätte, brach Lauren in Tränen aus – und diesmal waren es keine Freudentränen. Gesichtsmasken und Eisbeutel mußten her, um das vom vielen Weinen geschwollene Gesicht wiederherzustellen. Bogart indessen ließ vielmehr Flüssigkeiten in sich hineinlaufen und brachte es eines Morgens sogar fertig, überhaupt nicht im Studio zu erscheinen. Jack Warner bombardierte Hawks mit wütenden Briefen und Telephonanrufen, weil der Film nach mehreren Monaten Drehzeit im Dezember 1944 immer noch nicht im Kasten war, und Hawks verfluchte wieder einmal Eros, der die eigentliche Hauptrolle in seinem Film übernommen hatte.

Nur ein paar Wochen ging zwischen Mayo und Humphrey alles gut, dann funktionierten die alten Muster wieder

– Gram und Gewohnheiten hatten sich viel zu tief eingegraben, als daß Mayo von heute auf morgen ein sanftes Lamm hätte werden können, und die guten Vorsätze wurden mit viel Scotch wieder heruntergespült. Warner mußte auf Druck der Presse erneut eine Trennung publik machen: Bogart kehrte reuevoll zu Lauren zurück.

The Big Sleep war im Januar 1945 endlich abgedreht. Die Journalisten sprachen nur noch von Bogie und seinem Baby.

Die Scheidung zwischen Humphrey und Mayo wurde am 10. Mai 1945 rechtskräftig. Mayos Abfindung bestand aus einem Batzen Dollars, zwei Häusern und den Anteilen an zwei Safeway-Läden, die Bogart gehörten. Sie kehrte Hollywood ganz den Rücken und ging zurück zu ihrer Mutter, die in Oregon lebte. Humphrey Bogart stand vor seiner vierten Ehe. Dem jüdischen Familiensinn Lauren Bacalls war er anfangs mit Skepsis begegnet. Er zeigte sich erstaunt über die vielen Onkels und Tanten, die seine Frau ihm vorstellen konnte. Er selbst hatte nur noch eine Schwester und die Mutter, die er nach dem Tod des Vaters nach Los Angeles kommen ließ. Die zukünftige Mrs. Bogart konnte den großen Tag kaum erwarten. «Baby kommt jeden Tag zu mir und hält vier Finger hoch, drei Finger, je nachdem, wieviel es gerade ist, und sagt ‹nur noch vier Tage!›, ‹nur noch drei Tage!›. Diese Tigerin, ich fühle mich wie eine Maus, die von einem Kaninchen in Stücke gerissen wird.»

Im Wonnemonat Mai, nur elf Tage nach der Scheidung von Mayo, war es dann endlich soweit: Humphrey Bogarts Freund, der Romanschriftsteller und Pulitzer-Preisträger Louis Bromfield, besaß ein Anwesen in Ohio, die Malabar Farm, wo die Hochzeitsfeierlichkeiten stattfinden sollten. Es war nur ein kleiner Kreis, der sich am 21. Mai 1945, einem sommerlichen Tag, dort zusammenfand. Bogart im grauen Anzug, Lauren Bacall in einem altrosa Kostüm hatten sich eine sparsame Zeremonie gewünscht. Sie dauerte ganze drei Minuten und fand in der hohen, mit Brokattapeten ausge-

«Baby kommt jeden Tag zu mir und hält vier Finger hoch, drei Finger, je nachdem, wieviel es gerade ist, und sagt ‹nur noch vier Tage!›. Diese Tigerin, ich fühle mich wie eine Maus, die von einem Kaninchen in Stücke gerissen wird.» Im Wonnemonat Mai, genauer am 21. Mai 1945, war es endlich soweit: Bogart und Bacall heirateten in kleinem Kreis auf der Malabar Farm von Bogarts Freund, dem Schriftsteller Louis Bromfield.

kleideten Eingangshalle des herrschaftlichen Hauses statt, an einem Flügel saß Hope Bromfield, eine der drei Töchter des Hauses, und stimmte den Hochzeitsmarsch aus Lohengrin an, als die Braut am Arm von George Hawkins, Bromfields Sekretär, eintrat. Bogart und Bromfield, der Trauzeuge, warteten in strammer Haltung, endlich wurden die Ringe getauscht.

Zur Hochzeit hatte Louis Bromfield dem jungen Paar den Boxerhund Harvey geschenkt, und zum kompletten Bild der Familie gehörten bald schon mehrere Hunde dieser plattnasigen Rasse. Nur zwei Kolumnistinnen, Hedda Hopper und Louella Parsons, Amerikas wohl berühmteste, miteinander konkurrierende Pressefrauen, die über Gedeih und Verderb öffentlicher Personen Macht ausüben konnten, waren offiziell dazu geladen, doch ließ es sich bei einem so spektakulären Ereignis nicht verhindern, daß ein ganzer Rattenschwanz von Photographen ungebeten vor Ort auftauchte, die mit vorgehaltenen Kameras soviel wie möglich von der Zeremonie zu erhaschen versuchten. «Wollt ihr uns auch noch photographieren, wie wir in der Hochzeitsnacht ficken?» soll der unwirsche Bräutigam sie angezischt haben.

Für Flitterwochen war keine Zeit, denn Braut und Bräutigam hatten schon wieder Drehtermine: Humphrey Bogart für *The Two Mrs. Carrolls* [Die zwei Mrs. Carrolls] und Lauren Bacall für *Confidential Agent* [Streng geheim]. Mit dem Zug begaben sich die beiden Frischvermählten über Chicago umgehend zurück nach Los Angeles. Wohnen würden sie in einer palmenbestandenen Bungalowsiedlung mit dem orientalischen Namen Garden of Allah, einer luxuriösen Wohnanlage in der Nähe des Sunset Boulevard, in der es eine Bar gab, wo sich die Mieter, darunter einige von Bogarts alten New Yorker Freunden, regelmäßig auf ein paar Drinks trafen. Lauren Bacall muß dieser Eintritt in ein neues Leben wie das wahr gewordene Märchen vom Aschenputtel vorgekommen sein. Hyams weiß zu berichten, daß Bogart bei der Ankunft einen Nerzmantel als Hochzeitsgeschenk bereithielt, den Lauren auf dem Boden ausgebreitet haben soll mit den verzückten Worten: «Ich wollte schon immer mal auf Nerz gehen!»

Lauren Bacall war in ihrem neuen Leben von etlichen Leuten umgeben, deren Namen und Gesichter sie als begeisterte Kinogängerin kannte, was sie sich offenbar aber nicht anmerken ließ. Sylvia Sheekman, die damals zehnjährige Tochter eines mit Bogart befreundeten Paares, erinnerte sich später, daß dessen neue Frau arrogant wirkte und so kühl, daß «nicht einmal Butter in ihrem Munde schmelzen würde. Sie wußte sich in Gesellschaft alter und wertvoller Freunde, die gemeinsam eine Menge erlebt hatten. Irgendwie war sie ein unbeschriebenes Blatt; aber was auch immer jemand darauf schreiben wollte, er konnte es tun. Sie hatte keine Probleme mit ihrem Ego.» Was auf Bogarts Freunde wirkte wie Dünkelhaftigkeit und Arroganz, war vielleicht in Wirklichkeit eine anfängliche Unsicherheit gegenüber den vielen neuen Zeitgenossen, die allesamt erfahrener, älter und auch argwöhnisch waren, was Humphrey Bogarts neue Ehe denn wohl ergeben würde. Doch auch die kritische Freundin mußte am Ende zugeben: «Sie liebte diesen Mann einfach und war froh, hier sein zu können. Ich war voller Bewunderung für sie.»

Die saubere Leinwand

Auf der Leinwand ging es nicht weniger doppeldeutig, ja doppelmoralisch zu als im Leben rings um den Sunset Boulevard. Das puritanische Amerika erlegte sich mit dem 1922 gegründeten Hays-Office – so benannt nach seinem Vorsitzenden Will H. Hays, einem engagierten Presbyterianer, einem Rechtsanwalt und ehemaligen Postminister – eine strenge Selbstzensur auf. Die Behörde wachte mit Argusaugen darüber, daß jeder Film frei von moralischen oder politischen Anstößigkeiten blieb. War dieser Begriff zunächst noch relativ offen und verhandelbar, so galten bald rigidere Gesetze, denn durch die schlechte Wirtschaftslage in den Zwanzigern war die amerikanische Filmindustrie erpreßbar geworden. Wenn die Filmgesellschaften technisch aufrüsten wollten, mußten sie Kredite aufnehmen und machten sich so immer mehr zu Werkzeugen der Banken, die jedes Risiko, darunter auch die Ablehnung durch die ‹moral majority›, vermeiden wollten, um ihre Geschäftsinteressen zu wahren.

Ein gewisser Joseph I. Breen aus katholischen Kreisen, ein Antisemit, der sich gegen das von jüdischen Emigranten bevölkerte Hollywood erhob, meldete seinen Protest an. Unter dem Druck der katholischen Kirche, der treibenden moralischen Kraft, die auch den Löwenanteil des städtischen Kinopublikums stellte, erließen Filmproduzenten und -verleiher den ‹Production Code›, der seit dem 1. Juli 1934 verbindlich galt. Darin wurde verfügt: «Szenen der Leidenschaft dürfen nicht gezeigt werden, wenn sie nicht wichtig für den Plot sind» und «Die Heiligkeit der Ehe als Institution und Heim und Herd sollen aufrechterhalten werden. Filme dürfen niedrige Formen sexueller Beziehungen nicht als akzeptierte oder gewöhnliche Tatsache darstellen.» Mit den ‹niedrigen Formen› war nicht nur jede Form der gleichgeschlechtlichen Liebe oder Prostitution gemeint, so weit brauchte man nicht einmal zu denken, sie umfaßten die Darstellung aller zwischenmenschlichen Kontakte, die Treue und bürgerliche Ehe zu unterwandern schienen. Vor allem schien die Darstellung von intimen Szenen zwischen Schwarzen und Weißen die schlimmste aller Todsünden zu sein. Dieser Fluch traf auch die ganze verfilmte Literatur, in der die gültige Ehemoral unterlaufen wurde – Texte von William Faulkner oder Ernest Hemingway. Sexualität mußte symbolisiert werden und verflüchtigte sich in bloßen Anspielungen. Alle frühen Filme mit der Diamond Lil Mae West, deren loses Mundwerk und in ein Korsett gepreßte Eieruhrfigur zum Image der erfolgreichsten Theaterschauspielerin Amerikas gehörten, die freimütig von sich behauptete, kein Engel zu sein, wurden aus den Lichtspielhäusern verbannt.

Die Zensur ergriff auch noch die absurdesten Maßnahmen. Spielte eine Szene in einem Badezimmer, so durften selbst Kloschüsseln nicht sichtbar sein, und verboten war sogar der Anblick von schwangeren Frauen, die Babywäsche häkelten, weil schon das als zu körperbezogen galt. Bei solchen Auflagen ist es verwunderlich, daß die Menschen in den Filmen sich überhaupt noch küssen dürfen, daß Lauren Bacall in *The Big Sleep* voller Verlangen flüstern darf ‹Ich will mehr›, nachdem sie zum erstenmal von Humphrey Bogart geküßt wurde, natürlich aus keuscher Perspektive: Man sieht hauptsächlich seine Tweed-Schulter. Sicherlich hatte das prüde Versteckspiel auch seinen Reiz für das Publikum. Der Dialog über den Reitsport in *The Big Sleep* hatte natürlich ebensowenig mit Sex zu tun wie Marlowes Bitte, ob die flotte Buchhändlerin nicht die Brille abnehmen könne ... Die Filme jener Zeit sind voll mit ironischen Anspielungen – und erst vor kurzem kam ein Film in die Kinos, *The Hollywood Closet*, der all jene Szenen versammelt, in denen gleichgeschlechtliche Liebe zwischen den Zeilen herauszulesen ist.

Aber nicht nur Sex auf der Leinwand war verboten, ebenso Szenen und Dialoge, die als Profanation der Kirche oder des amerikanischen Vaterlandes zu verstehen gewesen wären. Hawks' Film *Scarface* aus dem Jahre 1932, in dem Paul Muni den mordlustigen Al Capone spielt, fiel der Zensur zum Opfer, weil dem Missetäter alle Zuschauersympathien gehören, wodurch entlarvt wird, daß die Gesellschaft, in der er lebt, kein anderes Schicksal verdient hat als den Untergang. In den dreißiger Jahren trat als Folge des Gangster-Verbots der Typus des Detektivs auf den Plan, der den skrupellosen Schurken ersetzte. Man gab nun dem Mann, der eigentlich zu den Gesetzeshütern gehörte, die Pistolen in die Hand. Er war es, der nach Herzenslust herumballern durfte, um den nötigen Anteil an Crime in den Filmen zu garantieren.

Erst in den fünfziger Jahren fand eine Lockerung dieser Gesetze statt, die dann in den Sechzigern endlich ganz aufgehoben wurde. Was sollte man bei diesen Auflagen noch verfilmen? Schließlich konnte man nicht alles, was Liebe und Sex, Lust und Laster anging, nur in Anspielungen vorführen. Alfred Hitchcocks *Psycho* war zu einem Skandal geworden, weil der Regisseur es gewagt hatte, im Badezimmer mit der berühmten Duschszene eine Kloschüssel zu zeigen. Der Production Code, der Drehbuchautoren und Regisseure dazu zwang, das Verbotene durch die Blume zu sagen, hatte in erster Linie die amerikanische Doppelmoral zum Ausdruck gebracht.

Was auch immer Humphrey Bogart mit redseligen, duschenden Frauen angestellt haben mag – mit dem Hays-Office dürfte der prominente Darsteller nicht in Konflikt gekommen sein, denn Liebesszenen vor der Kamera waren ihm von vornherein ein Greuel. Ezra Goodman, einer von Bogarts Biographen, schreibt: «Bogart war einer jener Typen, die in einem Western lieber das Pferd geküßt hätten als die Heldin.» Bogart kann das nur bestätigen: «Liebe auf der Leinwand ist nichts für mich. Es ist einfach schrecklich. Ich habe geradezu eine Phobie davor, vermutlich weil ich es nicht gut kann. Es ist nicht möglich, eine Liebesszene zu drehen, ohne daß ein Haufen Kulissenschieber, tabakkauend und mit Haaren auf der Brust, hautnah um dich rumstehen. Liebesszenen machen mich verlegen. Ich mag sie nicht. Ich erledige das lieber privat in meinem eigenen Schlafzimmer.» Schließlich hatte bereits Greta Garbo verlangt, daß bei Liebesszenen nur der Kameramann und der Regisseur dabei waren und die anderen Mitglieder des Teams mit Paravents abgeschirmt wurden. «Dieser leere Blick Humphreys war der Schlüssel zu seiner Haltung zum Sex. Er verachtete die Bedürfnisse anderer Männer, ihre amourösen Triumphe auszuposaunen, derart, daß er sich weigerte, sie zur Kenntnis zu nehmen. Da er sich seiner Anziehungskraft auf Frauen äußerst gewiß war, verabscheute er jede Form demonstrativen Verhaltens. Wenn er eine Frau anziehend fand, wartete er auf sie, wie eine Flamme auf die Motte wartet.»

Anders als der lasziv grinsende Clark Gable oder der eiskalte Engel Alain Delon gilt Humphrey Bogart nicht als leidenschaftlicher Verführer. Nicht Sex prägt sein Image, sondern Geradlinigkeit und Zynismus, und seine sexuellen Eroberungen waren nie Thema. An diesem Image änderte auch eine Werbekampagne der Warner-Studios im Anschluß an *The Maltese Falcon* nichts. Man lancierte die Schlagzeile ‹Haben harte Burschen Sex-Appeal?› und machte darauf aufmerksam, daß drei Viertel der Fanpost an Humphrey Bogart vom schwachen Geschlecht stammten. Der Grund für so viele zarte Zeilen war nicht, daß er ein Sexprotz war: Typisch für sein Image war der Romantiker Rick in *Casablanca*, der harte Kerl, der doch an nichts so sehr leidet wie unter einer unerfüllten Liebe, und das ließ die Frauenherzen höher schlagen.

Bette Davis, darüber befragt, ob sie ihren Filmpartner für einen Mann mit Sex-Appeal halte, antwortete in einem Interview: «Nein, nicht persönlich. Er konnte entsetzlich ungehobelt sein. Wie Sie wissen, spielte er in meinem ersten Film mit, in *Bad Sister*, und dann in einigen weiteren, also hatte ich reichlich Zeit, ihn kennenzulernen. Doch was die Frauen an Bogey gut fanden, war, denke ich, daß er sich bei Liebesszenen zurückhielt – wie es viele Männer tun –, und sie verstehen, warum. Doch bis er Betty Bacall kennenlernte, war Bogey wohl immer peinlich berührt, wenn er Liebesszenen drehen mußte, und das kam als seine gewisse Reserviertheit rüber. Mit ihr aber ließ er sich gehen, und das war toll. Sie paßte zu seiner unverschämten Art. Betty trat genau zur richtigen Zeit in Bogeys Leben.» Beider Sex-Appeal ergänzte sich: «Betty war tatsächlich zu der Gestalt geworden, die sie auf der Leinwand so gut verkörperte. Eine Art androgyne, junge Frau, die einen Mann mit Hilfe seiner eigenen Tricks an sich zieht. Sie präsentierte Bogie ein provokatives, leicht spöttisches Spiegelbild seiner selbst. Und sie bot ihm die unverblümte, vertraute Ehrlichkeit der Männerwelt, indem sie ohne Umschweife zugab, an Sex interessiert zu sein. Durch sie erhielt er die sexuelle Bestätigung, die er seinem Ruf schuldig war. Er konnte sich nur geschmeichelt fühlen, daß eine so schöne, junge Frau ihn aufregend fand.»

Für Lauren Bacall war die Verkörperung einer Verführungskünstlerin nicht nur bei laufenden Kameras eine vollkommen neue Herausforderung. Sie war, wie sie sagt, als *To Have and Have Not* gedreht wurde, abgesehen von ein paar verstohlenen Küssen noch ohne sexuelle Erfahrungen und sollte plötzlich eine mit allen Wassern gewaschene junge Frau spielen, die die Männer spielend um den kleinen Finger wickelt. «In vielerlei Hinsicht war ich wesentlich reifer als andere Neunzehnjährige, dafür strahlte Bogie mehr Vitalität und Energie aus als mancher Zwanzigjährige. In Sachen Sex war ich immer noch völlig unerfahren, und Bogie erweckte ganz neue Gefühle in mir. Manchmal brauchte er mich nur anzuschauen, und schon begann ich am ganzen Körper zu zittern. Wenn er meine Hand nahm, tanzten Millionen von Schmetterlingen in meinem Magen, so warm und liebevoll war seine Berührung.»

So hatten der Macho und die Mieze sich gefunden.

Gefährliche Politik

Schauspielern ist alles Bühne. 1945, während eines Pressetreffens in einem Washingtoner Club, räkelte sich die nylonbestrumpfte, langbeinige Lauren Bacall hoch oben auf einem Flügel, in dessen Tasten Harry Truman griff, damals noch nicht Präsident der Vereinigten Staaten. Mit dieser Pose hatte sie spontan einen Ratschlag von Charlie Einfeld befolgt, dem Werbechef der Warner Brothers, der ganz genau wußte, daß eine Aufnahme mit dem populären Demokraten den aufgehenden Star der Company ins Spotlight rücken würde. Die Rechnung ging auf, Blitzlichter zuckten, Einfelds Idee machte sich tatsächlich bezahlt. «In den nächsten Tagen schmückte das Bild von Truman und mir weltweit die Titelblätter der großen Zeitungen. Charlie Einfeld verstand seinen Job. Allerdings hatte Truman nach seiner Wahl zum Präsidenten für unser Bild nicht mehr viel übrig», so Lauren Bacall. Vielleicht waren für Truman ihre laszive Pose und seine neuerworbene Amtswürde dann doch zu freizügig und nicht miteinander vereinbar.

In der Regel aber warben nicht Politiker für Schauspieler, sondern Schauspieler für Politiker. Stars, mit denen die Massen – also die potentiellen Wähler – sich identifizierten, waren und sind ein Propagandainstrument: Das Charisma eines bekannten Darstellers kann für oder gegen eine Partei, für eine Initiative oder eine einzelne Politikerpersönlichkeit werben. Sammy Davis junior, Dean Martin und Frank Sinatra waren zu John F. Kennedys Zeiten für diesen im Einsatz, und später dann legte sich Sinatra mit seiner Crooner-Stimme für den Republikaner Ronald Reagan ins Zeug, Arnold Schwarzenegger galt als Freund George Bushs, Barbra Streisand und

Sharon Stone haben sich im Wahlkampf für Bill Clinton eingesetzt, und Hollywoods Superstars wie Shirley MacLaine oder Warren Beatty pflegen ihren Ruf als gute Demokraten in langer Tradition.

In den dreißiger Jahren, als Humphrey Bogart in Hollywood Fuß faßte und Franklin D. Roosevelt seit dem ‹New Deal› 1933 Präsident war, gab ganz Hollywood sich liberal. Aber bevor man sich's versah, galt man als unamerikanisch und wurde als Staatsfeind verdächtigt. Bereits 1938 war das ‹House of Unamerican Activities Committee›, das ‹Komitee für antiamerikanische Umtriebe›, ins Leben gerufen worden. Erklärtes Lieblingsziel der Nachforschungen war Hollywood, denn das kalifornische Filmeldorado war ein internationaler Schmelztiegel von Einwanderern und Emigranten. Für das HUAC genügte es schon, wenn man in den dreißiger oder vierziger Jahren aus Europa gekommen war, um als Kommunist verdächtigt zu werden – und wie viele vor den Nazis geflohene Exilanten hatten tatsächlich mit den Kommunisten sympathisiert, weil sie in ihnen die einzig wirksame Gegenkraft zu Hitler gesehen hatten? Mochte es auch nicht verwundern, daß Theaterleute wie Bertolt Brecht oder Hanns Eisler, die sich in ihren Werken offen und kämpferisch zum Marxismus bekannten, vor den Ausschuß zitiert wurden, so erschien es doch merkwürdig, daß Charlie Chaplin auch dann noch Schwierigkeiten bekam, nachdem er sogar eine schriftliche Erklärung abgegeben hatte, in der er sich von den Kommunisten distanzierte, und er sich fragen lassen mußte, warum er auch nach vierzig Jahren in den USA immer noch einen britischen Paß und nie seine amerikanische Staatsbürgerschaft beantragt hatte. Das sah ganz nach Schikane aus. 1957, als er wieder in Europa lebte, weil man ihm nach einer Europareise die Rückkehr in die USA verweigerte, rechnete Chaplin in seinem Film *A King in New York* [Ein König in New York] bitter-ironisch mit der amerikanischen Politik ab.

Auch Humphrey Bogart wurde vor einen Ausschuß geladen, der ihn darüber aushorchte, ob ihm irgendwelche Kommunisten unter seinen Kollegen namentlich bekannt seien – er gab diplomatisch zur Antwort, ihm habe noch nie jemand einen Parteiausweis gezeigt. Allerdings hatte das FBI über Humphrey Bogart bereits eine stattliche Akte angelegt. Er selbst hatte sich des Kommunismus verdächtig gemacht, als er einige Jahre zuvor, ohne damit parteipolitisch Stellung beziehen zu wollen, einen Aufruf mit unterzeichnet hatte, mit dem streikende Salatpflücker unterstützt werden sollten.

Noch bevor in Europa der Zweite Weltkrieg begann, hatten sich in Hollywood Schauspieler, Regisseure und Drehbuchschreiber in verschiedenen Organisationen gegen Hitlers nationalsozialistische Regierung zusammengetan. Das «Committee of 56», dem auch Bette Davis, Groucho Marx, James Cagney und Joan Crawford beigetreten waren, plädierte für einen wirtschaftlichen Boykott Nazi-Deutschlands. Bei Kriegsausbruch gab es Veranstaltungen zur Unterstützung der Alliierten, und als die Vereinigten Staaten nach dem Angriff der Japaner auf Pearl Harbor im Dezember 1941 in den Krieg eintraten und als 1942 Hitler die Sowjetunion überfiel, wurde das Engagement Hollywoods zu einem allgemeinen Feldzug gegen den Faschismus. Zur Legende geworden sind vor allem Marlene Dietrichs Show-Auftritte vor amerikanischen Soldaten an der Front in Frankreich und Marokko. Die Filmschauspieler wurden in jenen Jahren zu politischen Aushängeschildern – je populärer ein Star, um so größer seine Werbewirksamkeit für den Politiker. Humphrey Bogart exponierte sich politisch – in der *New York Times* hatte er einen Aufruf ‹Hollywood for Roosevelt› mit unterzeichnet. Der Schauspieler, der körperlich zwar fit, aber zu alt war, um in den Krieg zu ziehen, ließ sich 1943 für ein paar Wochen von den Studios beurlauben, wo er gerade in einem Kriegsfilm über die Kämpfe in Nordafrika spielte, *Sahara*. Er wollte damals noch mit Mayo zusammen nach Europa gehen, nach Nordafrika und dann nach Italien, um die dort stationierten amerikanischen GIs zu unterhalten. Was Humphrey Bogart nicht wußte, war, daß nun von höchster Stelle aus eine Untersuchung eingeleitet wurde, ob er auch eine politisch reine Weste hatte. Das Ergebnis fiel positiv aus – sein einstiger Einsatz für die Salatpflücker schien verziehen, und Humphrey Bogart und Mayo Methot konnten im November 1943 nach Übersee reisen. In Dakar wurde ihnen ein zünftiger Empfang bereitet: Ein Orchester und ein Chor stimmten für sie die altgediente Melodie von ‹As time goes by› an. An den Abenden trat das Paar in den Offizierskasinos auf; Mayo produzierte sich als Sängerin, gab die bewährten, amerikanischen Standards zum besten und war glücklich, sich nach so langer Zeit ohne Bühnenauftritt wenigstens auf diese Weise wieder einmal gebraucht und im Mittelpunkt zu fühlen. John Huston bezweifelte zwar ihre Gesangskünste, aber der Charme ihres Vortrags schien genau darin zu liegen, daß sie – ganz ähnlich wie Marlene Dietrich – eigentlich gar nicht singen konnte, sondern vielmehr zur Musikbegleitung sprach. Welche Shownummer Humphrey Bogart den Soldaten geboten hat, ist für die Biographen nicht ganz klar auszumachen – wahrscheinlich genügte schon die bloße Präsenz des Filmidols, mit dem sich so mancher der jungen Kämpfer identifizieren mochte, um tosenden Applaus auszulösen: Rick Blaine erschien leibhaftig in Nordafrika! Das Paar besuchte Lazarette, gab den Verwundeten Zuspruch, unterhielt sich mit den jungen Männern, die von ihren Erfahrungen an der Front erzählen und zusammen mit dem Idol eine Zigarette rauchen durften. In Italien wurde die Europamission vorzeitig beendet: Die Bogarts verließen ihr Hotel, nachdem ein General sich über den Höllenlärm beschwert hatte, der da aus einem Zimmer käme ... Das amerikanische Publikum aber konnte in einem 3-Minuten-Clip, *Report from the Front*, einen Humphrey Bogart sehen, der zum Frontberichterstatter befördert worden war und die Leute aufforderte, großzügige Blutspenden zu leisten.

Als die beiden Truppenseelsorger wieder in Los Angeles ankamen, wartete Howard Hawks bereits mit dem Vorschlag auf Humphrey Bogart, neben einer jungen und gänzlich unerfahrenen Schauspielerin eine Rolle in einem Film zu übernehmen.

Nach Kriegsende hatte sich nicht nur Humphrey Bogarts Privatleben vollkommen verwandelt. Nun wurde von den Hütern der nationalen Sicherheit wieder genauestens unterschieden, wer sich für den Frieden eingesetzt und wer nicht vielleicht doch im Namen des Antifaschismus kommunistische Propaganda im Schilde geführt hatte. Man befürchtete, die Russen könnten die Welt in einen dritten Krieg stürzen, statt dessen überzog nun der Kalte Krieg die Welt, und die Verhärtung der beiden Supermächte führte in den USA zu einer großen Kommunistenhatz, angeführt von dem berüchtigten Senator McCarthy, der das HUAC als sein Hauptinstrument übernommen hatte. Schon 1945 hatten die Warner Brothers eine Liste der linksverdächtigen Drehbuchautoren zusammengestellt – dabei waren die meisten ihrer Manuskripte noch kurz zuvor wegen ihrer antifaschistischen Inhalte sehr gefragt gewesen. In dieser wahnhaften Atmosphäre von Mißtrauen und Denunziation geriet selbst ein waschechter Amerikaner aus New York wie Humphrey Bogart ins Kreuzfeuer patriotischer Gefechte. Im Sommer 1947 versuchte der republikanische Abgeordnete J. Parnell Thomas zu beweisen, daß die Kommunisten mit ihrer Propaganda die Hollywood-Filmindustrie zu zersetzen versuchten. Als zehn Drehbuchautoren sich weigerten, die Fragen des ‹Komitees für antiamerikanische Umtriebe› zu beantworten, wurden sie ohne Umschweife festgenommen und hinter Schloß und Riegel gebracht. War Humphrey Bogart als Republikaner zwar mit der staatlichen Ordnung im reinen, so vertrug sich ein derartiges Hauruckverfahren der Justiz ganz und gar nicht mit den liberalen Vorstellungen des eigenwilligen Schauspielers. Wie bei den Helden, die er in seinen Filmen verkörperte, entfesselte sich in dieser Situation sein gerechter Zorn. Höchstpersönlich organisierte Bogart ein Komitee zur Verteidigung der Opfer dieser politischen Hetzkampagne. Zu den Unterzeichnern einer Erklärung gegen die McCarthy-Verfolgungen gehörten lauter namhafte Schauspieler, Regisseure und Drehbuchautoren, darunter Katharine Hepburn, Gregory Peck, Gary Cooper, Judy Garland, Billy Wilder und John Huston. Am 24. Oktober erschien die Erklärung in der *New York Herald Tribune*: «Die Überprüfung der politischen Überzeugung des einzelnen steht im Widerspruch zu den Grundprinzipien unserer Demokratie», hieß es dort, und weiter: «Übergriffe auf das Recht der freien Meinungsäußerung sowie das Aufstellen willkürlicher Maßstäbe, was als amerikanisch zu gelten hat und was nicht, sind nicht mit der amerikanischen Verfassung zu vereinbaren.» Den Filmschaffenden war das noch nicht genug: In einem eigens gecharterten Flugzeug setzten sich Ende Oktober 1947 rund fünfzig mehr oder weniger bekannte Leinwandgrößen Hollywoods in Bewegung. Sie flogen nach Washington, und dann zogen sie direkt zum Weißen Haus, um an Ort und Stelle ihren Standpunkt zu manifestieren.

Humphrey Bogart hatte vorsorglich erklärt: «Unser Protest hat nichts mit Kommunismus zu tun. Es geht mich nichts an, ob jemand Kommunist ist oder nicht. In Washington gibt es nämlich eine hervorragende und kompetente Organisation namens FBI, die sich mit solchen Sachen beschäftigt. Ich fliege nach Washington, weil ich als amerikanischer Staatsbürger aufgebracht und wütend darüber bin, daß man unsere verfassungsmäßig garantierte Freiheit beschneidet und die menschlichen Grundrechte mit Füßen tritt. Ich finde, niemand in diesem Lande hat das Recht, die amerikanische Verfassung zu verdrehen, auch nicht die HUAC.»

Seine Statements nützten ihm nichts, und Humphrey Bogart mußte Lehrgeld bezahlen. Wie so oft, wenn sich Künstler im Namen von Freiheit und Gerechtigkeit mit der Politik einlassen, wurden ethische Forderungen für ideologische Zwecke instrumentalisiert. Der Weltstar Bogart an der Spitze der Kampagne wurde umgehend von den Kommunisten für ihre Sache vereinnahmt. Sein Konterfei prangte auf der Titelseite der aktuellen Nummer des *Daily Worker*, ihrem wichtigsten Presseorgan, und so stand Bogart plötzlich höchstpersönlich im Verdacht antiamerikanischer Umtriebe. Zwar kam es nicht so weit, daß er sich vor einem McCarthy-Komitee verantworten mußte, doch seine integre Position in Hollywood war gefährdet, denn um keinen Preis wollten es sich die stets ängstlich auf Konfrontation und klingelnde Kassen bedachten Bosse der Filmindustrie mit den Mächtigen der Politik verscherzen. Jack Warner, der den Namen der Firma in Verruf gebracht sah, die mit dem Aushängeschild Bogart sofort in Verbindung gebracht wurde, spurte, indem er seinerseits eine ‹Schwarze Liste› von Schauspielern, Autoren und Produzenten zusammenstellte, auf die der Verdacht antiamerikanischer Aktivitäten fiel. Warner gelobte hoch und heilig, daß er jeden, der in irgendeinem Zusammenhang mit den Kommunisten auftauchte, unverzüglich aus seinem Vertrag entlassen würde. Der Schaden, der vielen Schauspielern daraus entstand, war erheblich: Sie wurden kurzerhand arbeitslos, denn sie bekamen keine Rollen mehr – ganze Existenzen wurden so zerstört. Für Humphrey Bogart stand außer Zweifel: «Wäre ich für das Studio nicht so wichtig gewesen, hätte ich den Rückzug antreten müssen, oder man hätte mich von der Liste der Vertragsschauspieler gestrichen.» Stand ein Name aber auf der ‹Schwarzen Liste›, «war es für dich nur noch möglich, in Hollywood zu verhungern». Bogart mußte zwar nicht verhungern, aber die Konsequenzen bekam er deutlich zu spüren: Die Columbia stornierte einen, die 20th Century Fox gleich drei seiner Filmverträge, darunter den, der ihm die männliche Hauptrolle an der Seite von Bette Davis in Joseph Mankiewiczs *All about Eve* (1950) [Alles über Eva] gesichert hätte. Die Rolle des scharfen Theaterkritikers fiel statt dessen an George Sanders, der dafür den Academy Award erhielt.

Das Ende vom Lied, ein Abgesang, war, daß Humphrey Bogart auf Anraten von Jack Warner und auch um der Gefahr weiterer Studioboykotts vorzubeugen, 1948 in der Märznummer des Fan-Magazins *Photoplay* gezwungenermaßen eine Ergebenheitsadresse an McCarthy veröffentlichte, mit deren Titel er rundheraus dementierte: «Ich bin kein Kommunist.» In dieser Erklärung konnte man weiterhin lesen: «Wie jeder anständige Amerikaner lehne ich den Kommunismus ab. Mein Name wird weder bei einer kommunistischen Organisation noch in anderem Zusammenhang mit den Kommunisten gefunden werden. Ich gebe zu, die Reise war unklug, ja sogar töricht. Ich bin Amerikaner, und sehr wahrscheinlich wie alle anderen auch manchmal ein törichter und hitzköpfiger.» Später, Mitte der fünfziger Jahre, als sich der McCarthy-Terror gelegt hatte, die Massenverfolgungen sich als absurd und für Hollywood als besonders kontraproduktiv herausgestellt hatten, bezeichnete er die ‹Schwarze Liste› jedoch als Ehrenliste.

Während des prominenten Zuges nach Washington hatte nicht Lauren Bacall, sondern Humphrey Bogart gesprochen, er, nicht sie hatte das Wort geführt. «Ich gebe die Erklärung ab», hatte Humphrey Bogart auf die Frage eines Reporters gesagt. «Aber was ich sage, gilt auch für sie. Ich glaube immer noch daran, daß ein Mann zu Hause die Hosen anhaben sollte, und was ich sage, gilt für die ganze Familie.»

Vier Jahre später hatte dann Lauren Bacall das Sagen auf der politischen Bühne: Als ein durch die unangenehmen Erfahrungen mit dem HUAC gebranntes Kind war Humphrey Bogart nicht sonderlich darauf erpicht, sich noch einmal in

Schauspielern ist alles Bühne: 1945, während eines Pressetreffens in einem Washingtoner Club, räkelte sich die nylonbestrumpfte, langbeinige Lauren Bacall hoch oben auf einem Flügel, in dessen Tasten Harry Truman griff, damals noch nicht Präsident der Vereinigten Staaten. «In den nächsten Tagen schmückte des Bild von Truman und mir weltweit die Titelblätter der großen Zeitungen. Charlie Einfeld verstand seinen Job. Allerdings hatte Truman nach seiner Wahl zum Präsidenten für unser Bild nicht mehr viel übrig», so Lauren Bacall. Vielleicht waren für Truman ihre laszive Pose und seine neuerworbene Amtswürde dann doch zu freizügig und nicht miteinander vereinbar.

die Politik seines Landes einzumischen – aber Lauren Bacall zog ihn doch wieder ins politische Geschehen hinein, und zwar 1952, während der Präsidentschaftswahlen. Favorisierter Kandidat war der Republikaner Dwight D. ‹Ike› Eisenhower, gegen den der Demokrat und Gouverneur von Illinois, Adlai Stevenson, antrat. Hatte man Bogart und Bacall noch Anfang 1952 bei einer Wahlkampfveranstaltung des Republikaners antreffen können, so war es um Lauren Bacall geschehen, als sie Stevenson das erstemal im Fernsehen erblickte, wie er auf dem Parteitag der Demokraten seine Antrittsrede hielt. «Betty war so von Adlai überzeugt, daß sie jeden haßte, der nicht für ihn war», so sah es Humphrey Bogart. Ihre Schwärmerei für den Politiker – und in ihren Erinnerungen macht sie kein Geheimnis aus der erotischen Anziehungskraft, die er auf sie ausübte – verwandelte sich in handfestes Engagement für den Wahlkampf des neuen Idols, wieder einmal ein Mann, der ihr etwas Neues beibringen konnte. Als Metro-Goldwyn-Mayer im Rahmen einer gewagten Kampagne ‹Hollywood für Stevenson› eine Party für den Kandidaten ausrichtete, ließ sie sich nicht lange bitten und sprach bei einem Gläschen Sekt zum erstenmal mit dem verehrten Politiker. «Ich war richtig besessen», erklärte sie. «Stevenson mußte einfach gewählt werden. Manchmal hatte ich das Gefühl, ich würde selbst kandidieren.» In den kommenden Wochen und Monaten verwendete sie, trotz eindringlicher Warnungen der konservativ-republikanischen Warner-Lobby, ihren prominenten Namen für Stevenson und seine Politik, und bald war auch Humphrey Bogart von den Zielen des Demokraten überzeugt: «Stevenson hält wundervolle Reden, sie sind literarisch, intelligent und intellektuell. Eisenhower sagt das, was man ihm einflüstert, was ein trauriges Spektakel ist, weil ich dachte, er wäre ein vortrefflicher Kumpel. Miss Bacall unterstützt mit ganzem Herzen den Gouverneur Stevenson, und das bis zum Erbrechen», schrieb Bogart in einem Brief an Huston. Für einen Präsidentschaftskandidaten war der Einsatz eines so großen, populären Stars wie Humphrey Bogart ein enormer Publicitygewinn. Anders als die berühmten Leinwandhelden jener Zeit, die sich, wie Gary Cooper oder Clark Gable, im konservativ-patriotischen Sinn äußerten, bekannte sich Bogart damit zum Liberalismus, auch wenn er sich hin und wieder über seine Frau mokierte. Sie war es, die bei einer Massenveranstaltung im Madison Square Garden als erste ihre rauchige Stimme erhob und das Publikum und die Fernsehzuschauer begrüßte: «Guten Abend, Amerika! Hier spricht Lauren Bacall, Freiwillige für Stevenson.»

«Bei unserem ersten Treffen erklärte Bogart mir, er habe die Idee zu einem idealen Werbefilm», erinnerte sich Stevenson. «Man würde ihn mit den Kindern vor der Eingangstür sehen und seinen Sohn fragen hören: ‹Daddy, wo ist eigentlich Mami?› Worauf er antworten würde: ‹Die ist bei Adlai.›» Auch solche hübschen Einfälle entbehren nicht der Spitzzüngigkeit. Humphrey Bogart sah es einfach nicht gern, wenn seine Frau einen Alleingang unternahm, und vielleicht steckte dahinter seine unausgesprochene Befürchtung, er könne seine junge, attraktive Lauren kurzerhand an einen anderen verlieren.

Doch Adlai Stevenson verlor die Wahlen. Im Januar 1953 wurde Eisenhower als 34. Präsident der Vereinigten Staaten vereidigt. Bogart verlor diesmal nicht seinen guten Ruf als patriotischer Filmschauspieler, sondern nur zehn Dollar, und zwar bei einer Wette, die er mit einem Journalisten über den Ausgang der Wahlen geschlossen hatte.

Lauren Bacall Gangsterbraut

«Wenn ich CASABLANCA etwas vorwerfe», schreibt der Schriftsteller Urs Widmer, «dann, daß Lauren Bacall nicht mitspielt. Ihr würde ich sogar Ingrid Bergman opfern. Oder wenn sie nur einmal durchs Café ginge, eine abgewiesene Liebe Ricks!» Nein, als *Casablanca* gedreht wurde, war es leider noch nicht an der Zeit für den Auftritt von Lauren Bacall. Doch der Film antizipiert stilbildend die Art und Weise, wie sich Männer und Frauen im Film Noir, dem damals bevorzugten Genre, begegnen. Die Liebesgeschichte in *Casablanca* zeigt einen freiheitsliebenden Ehrenmann und eine vernünftige, schlagfertige Partnerin – und beide gehen am Ende getrennte Wege.

Nicht trotz, sondern gerade wegen der geballten Ladung an Klischees, mit der dieses Exilanten-Melodram aufwartet, wurde der Film zu einem bahnbrechenden Erfolg. Mit seinen vielen eindringlichen Momenten, einer langen Reihe von unvergeßlichen Lieblingsszenen, hatte er das Zeug zum Kultfilm: Ilsas Auftritt in Ricks dunkler Kneipe, die triumphalen Klänge der Marseillaise, ein schmachtend ausgesprochener Satz wie ‹Uns bleibt immer noch Paris›, ein tiefer Blick in die Augen, ein Flughafen im Nebel, schließlich der Evergreen ‹As time goes by›, den Sam am Piano wieder und wieder spielen wird.

Aus der Not wurde eine Tugend gemacht. Längst schon waren die Dreharbeiten in vollem Gange, aber das Script war noch unvollständig, und die beiden Hauptdarsteller Bogart und Bergman liefen ungehalten in den Kulissen auf und ab. Gezwungenermaßen wurde bei jeder Szene improvisiert, und die Drehbuchautoren zogen hastig alle Register bewährter Filmklischees. Ausgerechnet auf diesem Wege kam der

Film – in Worten des Semiotikers Umberto Eco – zu einer «Architektur wie der von Gaudis Sagrada Familia. Man gerät ins Taumeln, man streift die Genialität.» Ein orientalisch brodelndes Kulissen-Marokko als Schauplatz gibt Hollywood die Gelegenheit, viel exotisches Flair zu produzieren; das ferne Amerika erscheint den Flüchtlingen, die sich in Erwartung des über Leben und Tod entscheidenden Visums in Ricks Café aufhalten, als das gelobte Land; drei Menschen sind durch ihre aufwallenden Gefühle schicksalhaft miteinander verbunden. Rick liebt Ilsa, sie erleben eine kurze Romanze, denn sie hält ihrem Mann Victor Laszlo die Treue. Rick-Humphrey Blaine-Bogart überläßt ihm das lebenswichtige Visum. Er selbst bleibt einsam im Nebel zurück, hat edelmütig ein Liebesopfer dargebracht, im Namen der gerechten Sache. «Wenn alle Archetypen schamlos hereinbrechen, erlangt man homerische Tiefen. Zwei Klischees sind lächerlich, hundert Klischees sind ergreifend», so noch einmal Eco.

Die Romanze zwischen Rick und Ilsa zerbricht zwar vordergründig an den Wechselfällen der Geschichte, das romantische Potential des Films aber lebt gerade davon, daß die beiden zueinander nicht kommen können, weil es in der Natur des Charakters liegt, den Bogart verkörpert, am Ende allein zu bleiben. Der Breitenerfolg von *Casablanca* verdankt sich jedoch auch der Weltgeschichte, die der Leinwandpremiere wie auf Bestellung pünktlich zur Hilfe kam. Als der Film im November 1942 im New Yorker Hollywood Theatre uraufgeführt wurde, waren die US-Alliierten gerade in Casablanca gelandet, und als sich Roosevelt und Churchill im Januar 1943 in ebendieser marokkanischen Stadt trafen, um die Landung in Sizilien und die systematische Bombardierung des Deutschen Reiches zu beschließen, war der Film, der ihren Namen trug, seit zehn Wochen ein Kassenschlager. *Casablanca* wurde vom Publikum denn auch als ein Echo jenes Optimismus vernommen, der die Alliierten in der Phase des Krieges beherrschte, da sie in Nordafrika gelandet waren und die Deutschen in Stalingrad geschlagen hatten, was Roosevelt das erstemal zu einer ernstzunehmenden Forderung nach einer vollständigen Kapitulation Deutschlands veranlaßte.

Die achtzehnjährige Betty-Lauren hatte *Casablanca*, gleich als der Film in New York herausgekommen war, gesehen. Auch sie war von der Romantik der Liebesgeschichte überwältigt, aber die flammende Begeisterung ihrer Freundinnen für den Hauptdarsteller konnte sie nicht teilen. Humphrey Bogart repräsentierte für sie noch immer den unbequemen Revolverhelden mit dem Zweitagebart, der in ihren Jungmädchenträumen nichts zu suchen hatte.

In der Tat, Bogarts Imagewandel vom Gangsterdarsteller hin zum rauhen, aber edlen Helden vollzog sich nur ganz allmählich. «In den frühen Filmen», so Louise Brooks, «hat er eine Abiturientenfrisur und ein Gesicht wie ein Chorknabe – Bogart war keiner, dem die Jugend gut stand. Sehr langsam nur wurde er *jemand*. In den ersten Filmen ist er alles andere als unverwechselbar, er versucht in ihnen im Gegenteil, das zu sein, was Hunderte von Hollywoodschauspielern schon waren: ein beinharter Gangster.»

Lange war Humphrey Bogart nur einer unter vielen bei Warner, der unter Vertrag stand und immer die Parts annehmen mußte, die man ihm gerade gab, um nicht vertragsbrüchig zu werden und seinen Job nicht zu verlieren – und damit auch nicht die Hoffnung auf die Karriere, die sich nur undeutlich abzeichnete. Gut, er stand seit Anfang der dreißiger Jahre als Schauspieler in Brot und Lohn, aber er war ein Berufsdarsteller und noch längst kein Star, und noch 1940, nach mehr als vierzig Filmen, sah es nicht so aus, als würde sich daran noch grundlegend etwas ändern. Das Bild des Gangsters spiegelt die doppelte Moral der zwanziger und dreißiger Jahre wider. Die Gangster, die Bogart in Filmen wie

Bullets or Ballots (1936) [Wer regiert die Stadt?] verkörperte, wurden beim Showdown serienmäßig umgebracht, was eine drastische Veranschaulichung von «crime doesn't pay» war: «Verbrechen lohnt sich nicht».

Doch bald war der Gangster nicht mehr der negative Held, weil er sich im allgemeinen Verständnis kaum mehr vom anständigen Bürger unterschied. Mit der anwachsenden Macht der Wirtschaftsimperien wuchs auch die Korruption. Mafiabosse zogen die Drähte, und die Ordnung der Gesetze legte sich wie ein Mantel über die Kriminalität. Folglich waren die vom Gesetz verfolgten und bestraften Kriminellen nicht wirklich böse, sondern die *Opfer* einer durch und durch korrupten Gesellschaft und einer überkommenen Gesellschaftsordnung. Der Gangster in den sozialkritisch angehauchten Warner-Produktionen kämpft sogar ausdrücklich für eine bessere Welt und kommt dabei zwangsläufig mit dem Gesetz in Schwierigkeiten. So ist es denn auch nicht die schiere Mordlust, die den Gangster-Bogart umtreibt – diese eindimensionalen Mörderrollen wurden gemeinhin mit Stars wie James Cagney oder Edward G. Robinson besetzt. Es ist ein romantischer Grundkonflikt, der seine Taten und Untaten motiviert, denn er sehnt sich nach einer besseren Welt, und dafür geht er auch über Leichen. Die Rollen, die Bogart übernahm, zeigen ihn somit zwar als Unhold, aber stets auf seiten der Schwachen und moralisch Besseren.

Mit *The Maltese Falcon* (1941) trat Humphrey Bogart schließlich aus dem unüberschaubaren Heer von Hollywoods Gangsterdarstellern hervor, denn diese krude Geschichte ging vor allem wegen der eigenwilligen Ästhetik, mit der sie inszeniert wurde, über die gängigen Krimis hinaus. Bogarts endgültiger Aufstieg zum Hollywoodhelden verdankt sich dem Film Noir, einem neuen Genre, als dessen Prototyp *The Maltese Falcon* gilt, der nicht bloß durch neue Typen und neue Rollen von Mann und Frau gekennzeichnet ist, sondern auch eine ganz eigene, für Hollywoodfilme neuartige Atmosphäre vermittelte. Die Figuren agieren in einer buchstäblich zwielichtigen Welt, denn es ist nur selten Tag im klassischen Film Noir. Schwarze Limousinen bewegen sich durch dichte Nebelschwaden, und unsichtbare Dritte lauern überall. Schwarz und Weiß gehen ineinander über, ebenso wie Gut und Böse nicht mehr genau auszumachen sind. Durch die Ausleuchtung werden auch die Figuren psychologisiert; Licht und Schatten auf ihren Gesichtern changieren wie ihre Tag- und Nachtseiten.

Unübersehbar ist der Einfluß der deutschen Emigranten wie Fritz Lang oder Robert Siodmak, welche Stilmittel des Expressionismus nach Hollywood bringen, ein ästhetischer Anspruch, der sich mit den literarischen Vorlagen der Romane der Schwarzen Serie aus der Feder von Dashiell Hammett und Raymond Chandler vorzüglich verbindet. Anfang der vierziger Jahre ist der vielschichtige, oft poetische Film Noir gleichsam eine filmästhetische Entgegnung auf die Propagandafilme, die das Weltgeschehen in reinem Schwarzweiß ideologisieren.

Der wie Humphrey Bogart zum Star avancierte Gangsterdarsteller George Raft war ursprünglich für die Rolle des Detektivs Sam Spade in *The Maltese Falcon* ausersehen, hatte sich aber geweigert, sie anzunehmen – berühmt, wie er war, konnte er sich das leisten –, weil er dem Regisseur John Huston, einem blutigen Anfänger, nichts zutraute. Aber ausgerechnet dieser Film wurde zu Hustons glanzvollem Debüt in Hollywood, und er wußte Bogarts Vertrauen sein Leben lang zu schätzen. Die beiden Männer drehten noch sechs weitere Filme zusammen.

Humphrey Bogart spielte diesmal nicht den Gangster – er war als Privatdetektiv Sam Spade auf der Seite des Gesetzes. Das Besondere an den sogenannten «hard boiled»-Rollen in Bogarts «schwarzen Filmen» ist jedoch nicht etwa, daß er Ordnung schafft – das ist ihm kaum möglich. Die Welt, in der er operiert, ist so korrupt, daß selbst der Ordnungshüter davon nicht unberührt bleibt. Er selbst hat keine Handhabe mehr, die komplizierten Sachverhalte um sich herum zu durchschauen, aber um eine Stütze der Gesellschaft zu sein, verhält er sich selbst zu zwielichtig. Gleichzeitig entlarvt er damit die scheinbar makellose Fassade gesellschaftlicher Institutionen, die noch asozialer wirken als er selbst.

Wie steht es denn um einen solchen Charakter in Beziehung zu einer Frau? In *Casablanca* wird die Liebesgeschichte durch die einsame Entscheidung des edlen Fluchthelfers Rick beendet. Er leistet Verzicht und bewahrt den Rivalen damit vor einem grausamen Ende in den Händen der Nazi-Schergen. Ganz will es scheinen, als passe eine Liebe zu zweit nicht zu den philanthropischen Absichten eines solchen Helden.

Auf gleiche Weise bleiben die Helden des Film Noir, des Genres, zu dem die gemeinsamen Filme von Humphrey Bogart und Lauren Bacall gehören, unbeweibt, denn nur als einsamer Wolf kann der Detektiv oder edle Gangster seinem Gerechtigkeitssinn kompromißlos nachgehen. «Von den Voraussetzungen seines Berufes und von seiner Rolle im Kontext der Organisation her ist es für den Gangster gefährlich, sich emotional an eine Frau zu binden. Auf einer ganz pragmatischen Ebene würde ihn das in hohem Maß verwundbar machen und ihm seine Handlungsfreiheit nehmen. Sie wäre eine unliebsame Verbindung des Gangsters mit dem Bürgertum, die ihn rasch an die Repräsentanten der guten Gesellschaft ausliefern könnte.» Die Bindung an eine Frau würde die Idee der Freiheit zunichte machen, die für die geistig-moralische Existenz des Gangsters so zwingend notwendig ist. Und wie der Gangster, so ist auch der Privatdetektiv der Schwarzen Serie von Dashiell Hammett und Raymond Chandler ein Einzelgänger; sowohl Sam Spade in *The Maltese Falcon* als auch Philip Marlowe in *The Big Sleep* haben

In allen Filmen, in denen Humphrey Bogart und Lauren Bacall gemeinsam vor der Kamera stehen, wiederholt sich die Konstellation von gerechtem Täter und trotz aller Gefahren solidarischer Braut. Sie sind gemeinsam zu einem Traumpaar des Film Noir geworden.

scheinbar kein Privatleben, ihr Heim wird nie gezeigt, ganz so, als hätten sie überhaupt keines und schliefen unter Brücken. Es gibt keine Frau, nicht einmal eine unsichtbare, die im Büro anruft, um ihm mitzuteilen, daß das Essen fertig sei, es gibt keine privaten Verpflichtungen, geschweige denn Kinder, familiäre Einbindungen sind kein Thema für ihn. Das Liebesleben solcher Typen besteht in der Regel aus unverbindlichen sexuellen Abenteuern, und die Kraft, die sie antreibt, ist nicht der Eros, sondern ein moralisch-ethisches Empfinden, das jedem gesellschaftlichen Status quo entgegensteht.

Wie aber muß sie beschaffen sein, die Partnerin eines solchen unbeugsamen Outcast, bei der dieser – wenn auch nur für die Dauer einer Filmsequenz – einmal schwach wird?

«Den Ausweg aus einer solchen erotischen Sackgasse bedeutete oft die *moll*, die Gangsterbraut.» Dieser Frauentypus bewegt sich zwar auch am Rande der Konventionen, leidet jedoch unter der Unverbindlichkeit, mit der der Gangster mit ihr umspringt, sie fühlt sich gedemütigt und betrinkt sich nicht selten vor laufenden Kameras ... so wie Mayo Methot im richtigen Leben des Gangstergatten Humphrey Bogart. Dennoch ist die Moll charakterfest, wenn ihre Solidarität mit dem schonungslosen Banditen gefordert wird. Darstellerinnen, die sich in dieser Rolle und im Genre des Film Noir einen Namen gemacht hatten, waren vor allem Veronica Lake, Joan Blondell oder Gloria Grahame, die in vielen Fritz-Lang-Filmen zu bewundern ist.

Durch ihre frühen Auftritte in *To Have and Have Not* und *The Big Sleep* prägt sich Lauren Bacall als eine Heroine des Film Noir ein. Als Marie Browning war sie schon in *To Have and Have Not* unbestechlich wie eine klassische Gangsterbraut. In *The Big Sleep* ist sie die Vivien Rutledge, eine der Töchter eines Generals, welcher Philip Marlowe engagiert hat, um einer Erpressung auf die Spur zu kommen. Die

Töchter seines Auftraggebers, dieses Generals, sind jedoch selbst in mehrere Verbrechen verwickelt, die der Zuschauer überhaupt nicht mehr nachvollziehen kann. *The Big Sleep* basiert auf einer verzwickten Detektivgeschichte von Raymond Chandler; William Faulkner, der das Drehbuch schrieb, und Howard Hawks sollen sich am Ende Briefe geschrieben haben, in denen sie sich gegenseitig eingestehen, daß sie überhaupt nicht mehr durchblicken, wer eigentlich der Mörder sei. Für den Erfolg des Filmes war das egal: In einer Welt, die immer verzwickter wurde, drückte ein Film wie *The Big Sleep* die Wirrsal dieser Wirklichkeit einfach aus. Die Zusammenhänge waren zu kompliziert geworden, um sie in einem Muster von Opfern und Tätern auszubilden.

Schon in *The Maltese Falcon* steht Mary Astor eindeutig in der Rolle der Schuldigen, aber um sie verurteilen zu können, erfindet Humphrey Bogart alias Sam Spade eine Lügengeschichte, durch die sie ihrer gerechten Strafe zugeführt wird. So schafft der einsame Held sich seine Regeln schließlich selbst.

In *The Big Sleep* drehte sich das weibliche Rollenklischee sogar um: Hier spielt Lauren Bacall die vermeintliche Verbrecherin, die in Marlowes Augen zum Kreis der verdächtigen Personen gehört – doch als sie ihn gefesselt findet, ist sie es, die ihn von den Stricken befreit, sobald die Luft rein ist. Während sich ihre kleine, blonde Schwester, gespielt von Martha Vickers, daumenlutschend und lolitahaft über den Privatdetektiv Philip Marlowe herzumachen versucht, bleibt Lauren Bacall als Vivien Rutledge ganz kühl und reserviert. Als typische Frau des Film Noir ist sie gefährlich und initiativ, und die Geschlechter tragen einen Kampf miteinander aus. Vivien ist das Good-Bad-Girl, von der Marlowe nicht weiß, ob er ihr trauen kann oder nicht, sie ist Kumpel und Verführerin zugleich, so wie die anderen Frauengestalten in den Nebenrollen des Films: die flotte Taxifahrerin, die ihrem Kunden auf die Frage nach einem Rendezvous antwortet, sie habe nur nachts Zeit, da sie tagsüber arbeiten müsse, oder die kokette Buchhändlerin, die nicht zögert, die Jalousien herunterzulassen und den Laden dichtzumachen, als Bogart-Marlowe sie bittet, die Brille von der Nase zu nehmen. Es ist nicht anzunehmen, daß Buchhändlerin und Kunde ein gemeinsames Schmökerstündchen erleben – als Marlowe wieder geht, fragt sie nicht nach seiner Telephonnummer, nichts, sie lächelt, hat ihr Vergnügen gehabt.

Es scheint, als wollten die Frauen, die es mit den Männern aufnehmen, diese mit ihren Schlagfertigkeiten immer wieder auflaufen lassen, ein Kräftemessen der Geschlechter veranstalten. Dabei wird die erotische Spannung die ganze Zeit über aufrechterhalten. Hawks hatte schon in *To Have and Have Not* Lauren Bacall aufgefordert, sie solle «wie ein Mann reagieren, unabhängig, ständig das Zweideutige ihres Verhaltens betonend». In *The Big Sleep*, in einem «Whistle Scene»-ähnlichen Geplänkel zwischen Marlowe und Vivien Rutledge über den Reitsport, antwortet sie auf seine Frage, ob sie dem auch etwas abgewinnen könne: «Kommt darauf an, wer im Sattel sitzt.» In solchen Dialogen kam Lauren Bacalls rauhe Stimme besonders zur Geltung – und sie paßte genau zu der ihres Partners: «Was er als Schauspieler seinen Kollegen sofort voraushatte, war seine Stimme. Auch Bogart war ein getarnter Lispler. Seine Stimme hat irgendeine Schramme, schwer zu sagen, welche. Sicher haben sich Lauren Bacall und Bogart ihrer Stimmen wegen ineinander verliebt.» So Urs Widmer, der auch meint: «Wer sie anfassen will, muß mit scharfen Gegenständen umgehen können. Sie spricht wie aus einer fernen Welt, und ihr Lächeln ist genauso in sich selbst verliebt und distanziert wie Bogarts abwartendes Lippenzucken. Die beiden kommen vom selben fernen Stern.»

Nicht alle Frauenfiguren in *The Big Sleep* entstammen Chandlers Romanvorlage, Hawks hatte sie eigenmächtig eingeführt, er ließ verschiedene Exemplare eines neuen, eigenständigen Weiblichkeitsbildes vor den Zuschauern vorbeidefilieren. Lauren Bacall verkörperte schließlich den Typus der Frauen in Hawks-Filmen, die als ‹The Hawksian women› zu einem festen Begriff geworden sind. «Ich habe eine Menge Mädchen entdeckt», sagte Hawks, «weil ich keine Lust mehr hatte, mit weiblichen Stars zu arbeiten. Die kamen immer vor Drehbeginn zu mir und sagten: ‹Meine rechte Gesichtshälfte ist viel photogener als die linke. Also nehmen Sie mich bitte immer nur von rechts auf.› Dazu habe ich immer nein gesagt, ich hatte andere Sorgen. Deshalb wollte ich immer neue Mädchen haben, die solche Allüren noch nicht besaßen. Auch das Publikum sollte mal neue Mädchen sehen.» Auf diese Weise hatte Hawks nicht nur Lauren Bacall ‹gemacht›, sondern zuvor schon Stars wie Carole Lombard in *Twentieth Century* (1934) [Das zwanzigste Jahrhundert], Rita Hayworth in *Only Angels Have Wings* (1939) [SOS – Feuer an Bord] und später Angie Dickinson in *Rio Bravo* (1959).

In allen Filmen, in denen Humphrey Bogart und Lauren Bacall vor der Kamera stehen, wiederholt sich die Konstellation von gerechtem Täter und trotz aller Gefahren solidarischer Braut. In *Dark Passage* (1947) [Die schwarze Natter] unter der Regie von Delmer Daves – von der Kritik als vollkommen überfrachteter Film Noir bezeichnet – muß sich Humphrey Bogart alias Vincent Parry einer Gesichtsoperation unterziehen, um vor seinen Verfolgern sicher zu sein. Er ist wegen des angeblichen Mordes an einer Frau zu lebenslänglicher Zuchthausstrafe verurteilt worden, konnte jedoch flüchten, und nun ist es wiederum eine Frau, die ihm bei dieser Flucht hilft: Lauren Bacall alias Irene Jansen. Sie folgt ihm sogar bis nach Südamerika, wo sie gemeinsam ein neues Leben beginnen, denn zwar ist es ihm selbst gelungen, die wahre Mörderin ausfindig zu machen, doch die bringt sich um, und so gibt es keine Entlastung für ihn.

Nicht anders das Muster in *Key Largo* von John Huston – aber wo liegt eigentlich Key Largo? Key Largo ist eine Halbinsel Floridas, wo der gleichnamige Film mit Bogart und Bacall als Liebespaar spielt. *Key Largo* aus dem Jahre 1948 – in Deutschland unter dem moralisch klingenden Titel *Hafen des Lasters* in die Kinos gekommen – zeigt Humphrey Bogart als einen desillusionierten Kriegsveteran nach dem Zweiten Weltkrieg, der Freunde in Key Largo besucht, welche dort ein Hotel betreiben.

Als ihm vier sehr suspekte Gestalten über den Weg laufen, wittert er sogleich, daß er es mit Profi-Gangstern zu tun hat. Sie zwingen den Major, sie mit einem Boot nach Kuba zurückzubringen, wo sie in Sicherheit wären – doch auf diesem Weg gelingt es ihm, die kriminellen Passagiere während der Überfahrt allesamt umzubringen. Die dramatischen Szenen auf dem Wasser werden durch einen Hurrican noch gesteigert; Huston setzte die Lichteffekte des Unwetters als typisches Stilmittel für den Film Noir ein. Als Frank McCloud in den Hafen einläuft, erwartet ihn dort die Frau, die er liebt: Nora Temple oder Lauren Bacall – die in *Key Largo* ansonsten allerdings nicht viel zu tun hat. Sie ist das obligatorische weibliche Element in einem harten Gangsterfilm, das der Zuschauer auf der Leinwand erwartet, und so verhilft ihr Auftritt diesem Film schließlich zu einem romantischen Happy-End. Das hielt einen Kritiker indessen nicht davon ab, zu betonen: «Die Überraschung in *Key Largo* ist Miss Bacall, die ihre Kurven vergißt und mit Nora geradeaus und mit einer wirklich glaubhaften Charakterdarstellung herüberkommt.»

In a Lonely Place (1950) [Ein einsamer Ort] ist – wenn auch ohne Lauren Bacall – ein Film Noir, der zwei Jahre später recht gut auf den Punkt bringt, worin der feine Unterschied zwischen der emanzipierten männlichen Rolle und der weiblichen Rolle besteht. Humphrey Bogart spielt in diesem Film den zum Jähzorn neigenden Drehbuchautor Dixon Steele, der sich in seine Nachbarin verliebt, gespielt von einer anderen Heroine des Film Noir, von Gloria Grahame. Auch sie verliebt sich in ihn, aber sie kann ihm wegen seiner unvorhersehbaren, gewalttätigen Ausbrüche nicht vertrauen. Während einer nächtlichen Autofahrt zitiert er ihr ein paar poetische Zeilen aus einem seiner Drehbücher: «Ich wurde geboren, als sie mich küßte. Ich starb, als sie mich verließ. Ich habe ein paar Wochen lang gelebt, als sie mich liebte.» Als sie Dixon Steele wieder aus ihrem Leben fortschickt, steht sie mit Tränen in den Augen in der Tür ihres Hauses und sagt seine hochromantischen Worte mit erstickter Stimme noch einmal auf: «Ich habe ein paar Wochen lang gelebt, als er mich liebte.»

So ist es zwar der Mann, der diesen Satz ersinnt und dem er im Drehbuch in den Mund gelegt wird, aber es ist die Frau, die seinen Inhalt am Ende durchleidet. Beide gehen getrennte Wege, doch die Frau bleibt mit der Sehnsucht zurück, daß in der Welt, mit der keine Kompromisse möglich sind, wenigstens der eine geliebte Mensch jenen um so kostbarer gewordenen Rückhalt bietet, den die Liebe versprochen hat. Die üblichen Geschlechterrollen werden im Film Noir also nicht über den Haufen geworfen, aber sie werden ganz neuartig problematisiert.

Der Film Noir aber spiegelt nicht nur die neuen Geschlechterrollen, sondern die immer komplexeren Zusammenhänge der modernen Welt überhaupt. Fritz Langs Filme aus den fünfziger Jahren schrieben ein Kapitel des Genres, 1959, mit Godards *A Bout de Souffle* löste ein Film Noir die «Nouvelle Vague» in Frankreich aus. Kultfilme wie *Blade Runner* (1982) von Ridley Scott oder die Filme von Jim Jarmusch zeigen, daß die Ästhetik des Film Noir seit den Vierzigern unsere Sehgewohnheiten nachhaltig geprägt hat, so sehr, daß Science-fiction-Filme ebenso wie Roadmovies oder Liebesdramen auf sie zurückkommen. Nicht zuletzt die

Wiederbelebung von Schwarzweißfilmen durch die Regisseure Wim Wenders, Jim Jarmusch oder Woody Allen verdankt sich der Tradition des Film Noir, zu dem mit – oder in – *The Maltese Falcon* aus Bogarts Knarre der Startschuß fiel.

Das Geschäft mit dem Paar

Zwar wurde Hollywood schon 1911 gegründet, doch erst in den zwanziger Jahren erlebte es seine wirkliche Gründerzeit. Filmgesellschaften schossen wie Pilze aus dem Boden. Das Warner-Imperium wurde 1923 von vier Brüdern aus der Taufe gehoben und unterschied sich bald dadurch von den anderen Gesellschaften, daß es die allerersten Tonfilme lancierte, was zunächst hieß, daß die Darsteller zwar noch nicht sprachen, aber die Bilder mit gleichzeitig laufender Musik über die Leinwand flimmerten. Der erste kommerzielle Tonfilm, *The Jazz Singer* mit dem Broadwaystar Al Jolson in der Hauptrolle, kam 1927 in die Kinos, und die Warners waren damit die buchstäblich tonangebenden Trendsetter für die neue Mode der nun auch für offene Ohren gebotenen Filme. Nach vielem Hin und Her, langen Diskussionen, ob das gesprochene Wort denn nicht die Ausdruckskunst des Kinos beeinträchtigen könne, entschieden sich die Warners schließlich als erste für ein bestimmtes Tonfilmsystem, und der unvorhergesehene Erfolg von *The Jazz Singer* zwang die Konkurrenten förmlich, dasselbe System zu verwenden. Trotz Börsenkrach und Wirtschaftskrise konnten die Warner-Brüder ihre Macht ausbauen – denn im Gegensatz zu den gähnend leeren Theaterparketten hatte das Kino als die avanciertere Medienattraktion in diesen Zeiten ordentlichen Zulauf.

Während der dreißiger Jahre produzierte Warner Brothers vor allem kommerzielle Actionfilme und Melodramen mit sozialkritischem Gehalt, die sich an den aktuellen politischen Ereignissen orientierten. Sie kultivierten eine Art sozialen Realismus, und die Drehbuchautoren fanden ihre bevorzugten Themen in den Spalten der Tageszeitungen. Im

Gegensatz dazu hatten die Filme der Paramount mit eleganten Komödien – etwa von Ernst Lubitsch und den frühen Marx Brothers – und mit viel Erotik ihre Erfolge, und ihre bestechendsten Diven hießen Mae West und Marlene Dietrich. Die Universal Pictures wiederum boten vor allem Horrorfilme à la Frankenstein an, Metro Goldwyn Mayer glänzte mit Greta Garbo, Joan Crawford oder Jean Harlow im Mittelpunkt melodramatischer Glamourfilme.

Gemessen an den gut achtzig Filmen, in denen Humphrey Bogart im Laufe seines Lebens spielte, machten nur wenige ihn zu dem Star, der sein Rollenimage heute repräsentiert. Die Masse der Filme gibt über die gängige Hollywood-Praxis Aufschluß, in der ein Schauspieler wie ein Sklave gehalten wurde. Louise Brooks schreibt, und daraus sprechen ihre eigenen bitteren Erfahrungen, «daß es in Bogarts Zeit keinen anderen Beruf auf der Welt gab, der so sehr der Versklavung glich wie die Karriere eines Filmstars. Seine Selbstbestimmung galt nur in einer Hinsicht: Er konnte einen Filmvertrag unterschreiben oder nicht. Wenn er den Vertrag unterschrieb, machte er sich zum Untertan jener Leute, die seine Gage zahlten und seine Filme herausbrachten. Wenn er den Vertrag nicht unterschrieb, war er kein Filmstar.»

Humphrey Bogart saß in den vierziger Jahren, nach langer Zeit der Unsicherheit, nach vielen undankbaren Rollen in B-Movies wie etwa *China Clipper* (1936) oder *The Return of Doctor X* (1939) [Das zweite Leben des Doktor X], die er hatte annehmen müssen, endlich fest im Sattel des Filmgeschäfts. Zu seiner Kollegin Geraldine Fitzgerald, auch sie eine Leidtragende des Studiosystems, sagte er einmal resigniert: «Versuche nicht, dir auszusuchen, was du tun willst, denn sie werden dich nicht lassen. Sag zu allem ja. Und dann wirst du am Ende einen Rahmen für deine Arbeit haben und schließlich auch ein bißchen Macht, und dann kannst du haben, was du willst.» Bogarts Geduld und Ausdauer lohnten sich. Seit Beginn der vierziger Jahre gehörte er zu Hollywoods bestbezahlten Darstellern – für eine Woche bekam er 2750 Dollar –, und die Warner Brothers erhielten nun immer öfter Anfragen von anderen Produktionsgesellschaften, die ihn für einen Film ausleihen wollten. Doch Warner lehnte regelmäßig ab, was Humphrey Bogart etwa um einen Part neben Mae West und W. C. Fields brachte – und auch um die Gage –, aber er hatte keinerlei Einfluß auf diese kategorischen Entscheidungen, sein Vertrag verpflichtete ihn zur Treue gegenüber seinen Studios. Für ihn konnte sich jetzt nur noch durch besseres Management eine Aufwärtskurve ergeben.

So ist es nur zu verständlich, daß er endlich 1948 mit der Gründung seiner eigenen Produktionsgesellschaft hoffte, sich von dem System, das ihn groß gemacht hatte, emanzipieren zu können. Er hatte es satt, noch länger ein Faustpfand der Interessen bestimmter Studiobosse zu sein, und er besaß inzwischen genügend Geld und Ansehen, um diesen Schritt in die Selbständigkeit wagen zu können. 1947 winkte die geeignete Gelegenheit. Bogarts Freund Mark Hellinger, ein Broadwaykritiker, der auch schon Co-Produzent bei einigen Bogart-Filmen gewesen war, bot ihm an, in seine neugegründete Produktionsfirma einzusteigen. Nach anfänglichem Zögern ließ Humphrey Bogart sich darauf ein, nicht zuletzt, weil Hellinger ihm zugleich die Rolle des Rechtsanwaltes in *Knock on any Door* [Vor verschlossenen Türen] zusicherte, einem geplanten Film nach einem Roman von Willard Motley, den Bogart sehr schätzte. Weiterhin lockten die Rechte für die Verfilmung einiger Kurzgeschichten von Ernest Hemingway, allem voran *Schnee auf dem Kilimandscharo*, und so kaufte Bogart für 250000 Dollar 45 Prozent der Anteile an der Produktionsfirma.

Zu einer Zusammenarbeit der beiden Männer sollte es jedoch nicht mehr kommen: Hellinger kam Ende des Jahres

Die junge Ehefrau genoß ihre neue Rolle, auch wenn die Karriere dabei ins Hintertreffen zu geraten drohte.

1947 volltrunken in seinem Wagen ums Leben. Der schwere Säufer hatte am Steuer einen Herzinfarkt erlitten und einen Autounfall verursacht. Nun stand Bogart ganz allein als Eigentümer da: «Bogie war verzweifelt. Die offizielle Einweihungsfeier der Büroräume der neugegründeten Produktionsfirma war für den 22. Dezember geplant gewesen. Selznick hielt es für angebracht, das Vorhaben einzustellen. Sie verkauften die Rechte am Hemingway-Stoff gewinnbringend an die Fox, während die Filmrechte an Motleys Roman an Bogart gingen.» Der aber hatte sich inzwischen sehr mit dem Gedanken angefreundet, sein eigener Herr zu sein. So machte er sich auf die Suche nach einem anderen geeigneten Partner für sein Unternehmen. Die Wahl fiel auf einen ehemaligen Mitarbeiter der Warner Brothers, Robert Lord, und die Santana Productions – benannt nach Bogarts geliebter Yacht – wurden schließlich am 7. April 1948 ins Leben gerufen.

Hatte Bogart bislang jede ihm vorgeschriebene Rolle annehmen müssen, weil er noch unlängst zu den Sklavenarbeitern einer Filmindustrie gehört hatte, die jeden feuern konnte, der nicht alles annahm, was man ihm bot, so konnte er nun selber über seine Rollen bestimmen. Sicherlich aus Überzeugung verhandelte er nun mit der Columbia, und nicht mit Jack Warner, wenn es um den Verleih der Filme ging, denn Bogarts Wille zur Eigenständigkeit hatte schließlich auch politische Beweggründe gehabt: Die Unterdrükkungspolitik, der moralische Konformismus Hollywoods, der Antikommunismus, dem Warner sich angedient hatte, das alles wollte er in Zukunft so weit wie möglich aus seiner Arbeit heraushalten. Aus denselben Gründen wie Humphrey Bogart taten andere Stars dasselbe, Burt Lancaster, Gary Cooper oder James Cagney, die sich nicht länger am Gängelband der Studiobosse führen lassen wollten. Sie lösten sich aus ihrer Abhängigkeit, sobald sie zu Ruhm und Reichtum gekommen waren.

Mit einigen Filmen machte Bogart ein gutes Geschäft; *Knock on any Door, Tokyo Joe, Sirocco* und *In a Lonely Place* waren recht ansehnliche kommerzielle Erfolge. Auch wenn Humphrey Bogart die Gesellschaft im Dezember 1954 wieder aufgab und an die Columbia verkaufte, so hatte er mit seinem Ausflug in die Selbständigkeit einen Gewinn gemacht. Jedoch verstand er sich als Schauspieler, und die Organisation eines gut funktionierenden Produktionsteams, das bei Warner automatisch in seinem Rücken stand, mochte ihn hin und wieder überfordert haben. Auch hatte er sich vorgestellt, mehr Einfluß auf die Hollywood-Strukturen nehmen zu können, hatte ganz idealistisch daran geglaubt, junge Talente stärker fördern zu können, doch zu groß war immer noch die Übermacht der angestammten Studio-Imperien.

Humphrey Bogart war, als er es mit seiner vierten Ehe aufnahm, schon ein Superstar, und Lauren Bacall hatte sich mit dem schnellen Erfolg in *To Have and Have Not* scheinbar über Nacht auch ganz nach oben katapultiert. Der Warner-Publicityboss Charlie Einfeld pries sie sogleich als eine zweite Greta Garbo. Sie wurde mit der Ikone Marlene Dietrich verglichen, ein blondes Gift mit langen Beinen, kühl und schlagfertig auch sie, und Marlene höchstpersönlich soll Hawks angefahren haben, nachdem sie sich *To Have and Have Not* in New York angesehen hatte: «Du Hund, das bin ich vor zwanzig Jahren!»

Bacalls Vertrag sah nun fast ein Zehnfaches von der vorherigen Gage vor, nämlich 1000 Dollar wöchentlich, das war nicht schlecht für den Anfang. Vor allen Dingen aber hatte sie sich unter den Fittichen des Ehepaars Hawks sogleich als ‹leading lady› in die Kinos katapultiert, und Statistenrollen kamen für sie danach nicht mehr in Frage.

Natürlich war Lauren Bacall vollkommen berauscht von ihrem jähen Erfolg, doch bereits Howard Hawks hatte sie eindringlich davor gewarnt, sich zu früh zu freuen und im

Ruhm zu sonnen. Nur sehr wenigen Schauspielern gelänge es nämlich, an den Erfolg ihres ersten Films anzuknüpfen. Hawks sollte mit all seiner Erfahrung leider recht behalten. Die hoffnungsvolle Newcomerin erntete für ihren zweiten Film *Confidential Agent* (1945), unter der Regie von Herman Shumlin, nach einer Romanvorlage von Graham Greene gedreht, sie an der Seite von Charles Boyer spielend, keine sonderlich guten Kritiken. «Miss Bacall ist dekorativ und sehr ernst, doch sie besitzt nur ein ziemlich kleines Repertoire an Mimik und Gestik», schrieb ein Kritiker in der *New York Herald Tribune*.

Wahrscheinlich lag es an der Rolle: Lauren Bacall spielte in diesem Spionagefilm aus dem Spanischen Bürgerkrieg eine englische Aristokratin, eine Lady aus einer Welt, mit der sie noch niemals in Berührung gekommen war. Außerdem war sie immer noch ein Neuling im Filmgeschäft und fühlte sich plötzlich verunsichert ohne ihre väterlichen Mentoren Bogart – der stand gerade mit Barbara Stanwyck in *The two Mrs. Carrolls* vor der Kamera – und Hawks, die sie bei ihren ersten Schritten in den Kulissen an die Hand genommen hatten.

Die Werbekampagne, die Warner für *Confidential Agent* lancierte, spielte übrigens wieder mit dem wahren Geschehen hinter den Kulissen und war angesichts der Tatsache, daß Bogart und Bacall inzwischen ein verheiratetes Paar waren, ein wenig geschmacklos: «Was darin zwischen Boyer und Bacall passiert, ist streng geheim!» stand auf dem Ankündigungsplakat. Aber der Boyer des Films war nicht Bogart. Daß die Filme, in denen Bacall gemeinsam mit Bogart vor der Kamera stand, die spektakulärsten ihrer Karriere sind, wird denn auch gemeinhin der «Bogart-Bacall-Chemie» zugeschrieben. John Huston war der Ansicht, daß Lauren Bacall sich nur entfalten konnte, wenn sie sich selber spielte – und was konnte authentischer für sie sein, als die Geliebte dieses Humphrey Bogart zu spielen?

Das Werbeplakat von *The Big Sleep* zeigte denn auch die Gesichter der beiden Hauptdarsteller, deren stabreimende Namen größer darauf gedruckt waren als der Titel des Filmes – mit der Identität des Paares wurde bereits geworben. Als *The Big Sleep* im August 1946 als Bacalls dritter Film in die Kinos kam, feierten die Kritiker die Rückkehr einer Lauren Bacall in ihrer gewohnten Hochform, so schlagfertig, wie man sie sehen wollte. Niemand wußte jedoch, daß dieser Film noch vor *Confidential Agent* gedreht und von Warner aus marktstrategischen Gründen nur zurückgehalten worden war.

Wer weiß, ob nicht Hawks spezifischer Frauentypus zu einem Prokrustesbett für sie geworden war? Oder waren die Zuschauer so angetan von der wahren Liebesgeschichte, daß sie Lauren Bacall mit keinem anderen Mann mehr sehen wollten, und wurde das echte Traumpaar womöglich zu einem Hindernis für Bacalls Karriere? Für sie selbst stellte sich die Problematik anders dar: Wie für so viele Frauen ging es für sie darum, Beruf und Familienleben miteinander zu vereinbaren. Lauren Bacall stand plötzlich erschreckend deutlich vor Augen, daß sie an der Seite eines Humphrey Bogart eine anstrengende Doppelrolle angenommen hatte: die der aufstrebenden, jungen Hollywoodschauspielerin und die der treuen Ehefrau eines Publikumslieblings – und auf beide Frauen starrte eine sensationslüsterne Öffentlichkeit. Ihre professionelle wie private Verbindung mit Humphrey Bogart war einerseits eine Riesenchance, andererseits wurde sie im Handumdrehen um die Eigenständigkeit gebracht, mit der sie sich bislang durchgeschlagen hatte, denn fortan würde jeder argwöhnen, ihr hätten vor allem die guten Beziehungen geholfen, und als Frau des schwerreichen Filmstars wäre sie schließlich auch finanziell nicht mehr von ihrer eigenen Arbeit abhängig.

Kinder und Karriere

Vier Filme hatten Humphrey Bogart und Lauren Bacall inzwischen zusammen gedreht, zwei davon unter Hawks' Regie. Als *Key Largo* im Juli 1948 im New Yorker Strand-Kino Premiere hatte, war Mrs. Bogart dreiundzwanzig Jahre alt und im vierten Monat schwanger. Wollte sie auch als Schauspielerin Karriere machen, so war ihr von Anfang an klar gewesen, daß sie nicht nur ihren Beruf ausüben, sondern eines Tages auch Mutter mehrerer Kinder sein wollte: «Ich *war* jung und zum erstenmal richtig verliebt. Für mich war alles ganz einfach, ich hatte keine bitteren Erfahrungen hinter mir. Bis heute hat sich kein Mann in meinem Leben so um mich gekümmert, mich beschützt, mir Freude bereitet und bedingungslos alles mit mir geteilt. Ich wollte ihm die gleiche Fürsorge zuteil werden lassen, wollte ihm zeigen, daß es möglich ist, mit einer Frau glücklich zu werden, ich wollte ihm Kinder schenken.»

Sucht man den Typ der «Moll» in der Wirklichkeit an Bogarts Seite, so paßte Mayo sicher besser in diese Rolle als Lauren Bacall, die Bogart sich wie seine früheren Frauen als Begleitung seines Junggesellenlebens dachte. Da hatte er sich getäuscht. Nicht nur war er jetzt plötzlich Herr in einem Hause mit klar verteilten Rollen; Lauren Bacall sorgte auch, wie sie in ihrer Autobiographie betont, für die Erhaltung ehelicher Werte wie Treue und Schutz bei einem Mannsbild. Der undurchsichtige Außenseiter und hemmungslose Methot-Gemahl zeigte sich plötzlich ganz bürgerlich, auch wenn er sich immer wieder dagegen sträubte.

Im April 1948 hatte Lauren ihrem Mann freudestrahlend mitgeteilt, daß sie schwanger sei – der erwartete Jubel blieb aus, seine Miene verfinsterte sich; allzu ungewohnt war ihm die Vorstellung, auf seine alten Tage – er zählte neunundvierzig Lenze – tatsächlich noch Familienvater zu werden. Sein Freund und Biograph Robert Benchley schreibt, Bogart habe Angst gehabt, er müsse sein Baby von nun an mit einem anderen Baby teilen, aber das konnte ihm die werdende Mutter wohl ausreden, und so reagierte er schon ein paar Minuten später so, wie das Klischee es verlangt: Ihm standen Tränen in den Augen. Humphrey Bogart, der sich immer wieder mit kernigen Worten gegen das Establishment sträubte, dem er doch längst angehörte, war vor kurzem nicht nur Chef einer eigenen Produktionsfirma geworden, sondern sah nun auch noch einem künftigen Dasein als Familienvater entgegen.

Die werdende Mutter war geschäftig. Sie kaufte Kinderkleidung und studierte Bücher über Säuglingspflege. Während ihrer ersten Schwangerschaft kehrte sie sogar zu einem Abstecher in die Welt der Models zurück und ließ sich in einer Kollektion mit Umstandsmode für *Life* photographieren. Am 6. Januar 1949 kam das Baby zur Welt, ein Sohn, den sie Stephen nannten. Dieser Name sollte seine Eltern immer wieder an den Steve in *To Have and Have Not* erinnern. Die junge Mutter liebte, wie sie sagte, den Babygeruch, der aus dem Kinderzimmer drang, das sie mit Hingabe eingerichtet hatte. Das zweite Kind ließ nicht sehr lange auf sich warten: Etwa zweieinhalb Jahre später, am 23. August 1952, wurde ein Mädchen geboren. Die Zeitungen meldeten zunächst die Ankunft eines weiteren Bogart-Sohnes – und dieser Irrtum hatte durch die Namenswahl leicht zustande kommen können. Das Baby wurde Leslie genannt, als ein Tribut an den heute nahezu vergessenen Schauspieler Leslie Howard, den Jugendschwarm der glücklichen Mutter und den hilfreichen Freund und Kollegen des stolzen Vaters. Der Schauspieler war im Juni 1943 durch einen tragischen Irrtum Opfer einer deutschen Militärattacke auf die zivile Luftfahrt geworden. Auf dem Rückweg von einer Europareise wurde das Ver-

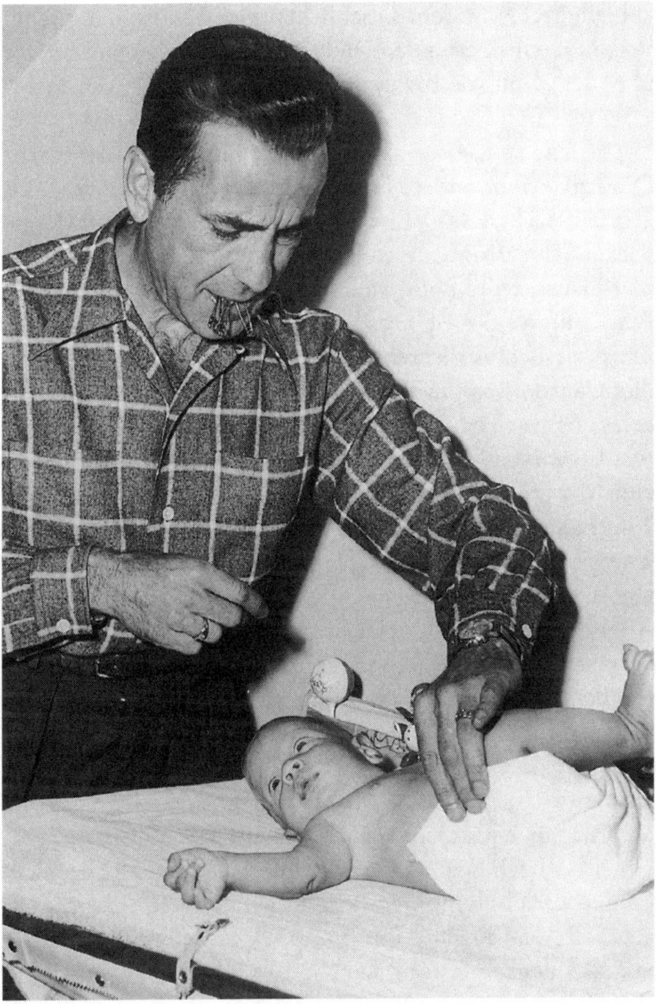

Bogart brauchte sich nur einmal für die Photographen über den Wickeltisch zu beugen und mit den Händen, in denen man einen Revolver zu sehen gewohnt war, einen Babypopo anzufassen, im Mundwinkel einmal keine Zigarette, sondern Sicherheitsnadeln zum Zusammenstecken der Windeln, schon hielt ihm die begeisterte und zutiefst gerührte Öffentlichkeit auch noch seine außerordentlichen Vaterqualitäten zugute.

kehrsflugzeug, in dem fälschlicherweise Winston Churchill vermutet wurde, von den Deutschen beschossen und stürzte über dem Golf von Biscaya ab.

Mit jedem neugeborenen Kind wechselten die Bogarts ihr Domizil. «Wenn andere Frauen schwanger sind, fragen sie eigentlich nach Pickles, Eiscreme oder Erdbeeren, wenn keine Saison dafür ist. Meine verlangt Geld und ein Dreißig-Zimmer-Haus», teilte Bogart mit. Vom Garden of Allah zog das Paar 1949, vor der Geburt des ersten Kindes, in ein von Lauren ausgesuchtes Vierzehn-Zimmer-Traumhaus an der Benedict Canyon Road in einem luxuriösen Vorort von Los Angeles. Es war das ehemalige, ‹Hedgerow Farms› genannte, rustikal wirkende Anwesen der Schauspielerin Hedy Lamarr, eines der größten Stars der vierziger Jahre, die 1932 mit dem Film *Extase* für einen Skandal gesorgt hatte, weil man sie in einer Szene zwei Sekunden lang nackt durch einen Wald rennen sehen konnte. Angeblich wollte Hedy Lamarr dem illustren Interessenten das Haus schenken, wenn er in den Studios seiner Santana Productions nur einen Film mit ihr machen würde! Bogart bezahlte lieber. Er legte die Kleinigkeit von 170 000 Dollar hin, wenngleich der zukünftige Hausherr dabei auch ein paarmal mit den Wimpern zuckte. Humphrey Bogart soll gemault haben: «Diese Gegend ist nur was für Lackaffen. Eher geht ein Kamel durchs Nadelöhr, als daß ich hier ein Haus kaufe.» Wieder trieb angeblich Lauren Bacall Humphrey Bogart zu Taten, die er eigentlich ablehnte, und brachte ihn mit allerlei Überredungskünsten und Gequengel dazu, genau das zu tun, was das verwöhnte Einzelkind sich in den Kopf gesetzt hatte. Nicht nur die Ehe selbst, nicht nur das kommende Kind, nein, auch das neue Haus ging auf ihre Kappe. Auch wenn dem so war: Humphrey Bogart war möglicherweise ein Mann, der aus seinem oft alkoholisierten Phlegma nicht anders herauszubewegen war als durch kategorische Entscheidungen, manchmal auch über seinen Kopf hinweg. Man kann es Lauren Bacall nicht übelnehmen, daß sie ihren Willen durchsetzte – immerhin bewies sie einen, was bei Humphrey Bogart nicht immer ersichtlich war!

1952, als die Tochter Leslie sich angekündigt hatte, zogen die werdenden Eltern nach Holmby Hills, westlich von Beverly Hills, in ein großes Haus am Mapleton Drive, zu dem neben dem (dort serienmäßigen) Swimmingpool auch noch ein Tennisplatz gehörte – und das Tennisspielen war eine von Bogarts Freizeitbeschäftigungen. Der Sportler machte sich jedoch auch über die neue Gegend lustig, die noch vornehmer war als die vorige: Nun müsse er sich wohl jeden Abend eine schwarze Krawatte umbinden! Aber es war die richtige Gegend. Zu den unmittelbaren Nachbarn der Bogarts gehörten in Zukunft Showgrößen wie Frank Sinatra, Bing Crosby, Lana Turner, Sid Luft und Judy Garland, deren Tochter – heute als Liza Minnelli jedem Kinobesucher ein Begriff – zur Spielkameradin des kleinen Stephen wurde.

Lauren Bacall war in einem Haushalt groß geworden, wo man jeden Cent hatte umdrehen müssen. Sie schien den Luxus immer mehr zu genießen. Sie richtete das Haus mit allen Schikanen ein, und im Wohnzimmer gab es sogar eine große Leinwand, die gelegentlich zu Filmvorführabenden heruntergelassen werden konnte. Hatte sie einst Discount-Kleider tragen müssen, so wurde sie nun eine der besten Kundinnen der berühmten Couturiers. «Nach Fertigstellung von *The African Queen* überredete sie Bogie, auf dem Rückweg lange genug in Paris zu bleiben, damit sie die Vorstellung der neuen Kollektionen erleben konnte», schreibt der offizielle Biograph des Paares, Joe Hyams. «Dort lernte sie Givenchy und Pierre Cardin kennen. In den fünfziger Jahren bezog sie den größten Teil ihrer Garderobe von diesen Häusern, obwohl sich ihr Geschmack langsam wandelte. Sie zog die schlichten Linien von Norman Norell immer mehr vor, der schließlich ihr favorisierter Modeschöpfer wurde. 1952 stand sie bereits auf einer Liste der «bestgekleideten Frauen», und Bogie war stolz auf ihren Geschmack. Allerdings klagte er oft, er könne sich ein Jahr lang von dem Geld anziehen, das Betty für ein Kleid ausgab.»

Nun, da die Bilderbuchfamilie mit Sohn und Tochter vierköpfig war, wurden Photos des häuslichen Glücks herumgereicht, wie das Inbild der heilen Hollywood-Ehe. Aber das Familienglück allein nahm Betty nicht die Lust, ihre Schauspielerkarriere fortzusetzen. Kaum hatte sie ihren Sohn Stephen zur Welt gebracht, da begann sie sich um neue Engagements zu kümmern – mit Erfolg. 1950 erschienen gleich zwei Filme mit ihr, *Young Man With a Horn* [Der Mann ihrer Träume] und *Bright Leaf* [Zwischen zwei Frauen], beide unter der Regie des *Casablanca*-Direktors Michael Curtiz. *Young Man With a Horn*, die Geschichte einer jungen Frau, die auf den Beruf ihres von Kirk Douglas gespielten Musiker-Mannes eifersüchtig ist und eine – nur in Andeutungen erkennbare – Hingezogenheit zu einer Frau verspürt, gespielt von Doris Day, wurde zu einem ordentlichen Wiedereinstieg ins Geschäft. *Bright Leaf* indessen, eine Liebesgeschichte in den Südstaaten um die Jahrhundertwende, fiel bei der Kritik als zu lang und fade durch. Der Vertrag zwischen Lauren Bacall und den Warner Brothers räumte ihr die Freiheit ein, Rollen auszuschlagen, die ihr angeboten wurden, und nach diesem Mißerfolg machte sie davon auch mehrmals Gebrauch, weil ihr die Rollen unpassend erschienen waren. «Mein Leben war damals mehr als ausgefüllt. Ich hätte allerdings durchaus Lust gehabt zu arbeiten.» So kam es zu einer dreijährigen ‹Sendepause›, in der Lauren Bacall allerdings zuweilen panische Angst hatte, daß die Öffentlichkeit sie vergessen könnte. Als sie Bogart 1951 zu den Dreharbeiten von *The African Queen* in den Kongo begleitete, wurde ihr wieder einmal deutlich, daß sie nicht zum Anhängsel ihres Mannes verkommen wollte. Wenn sie ihn

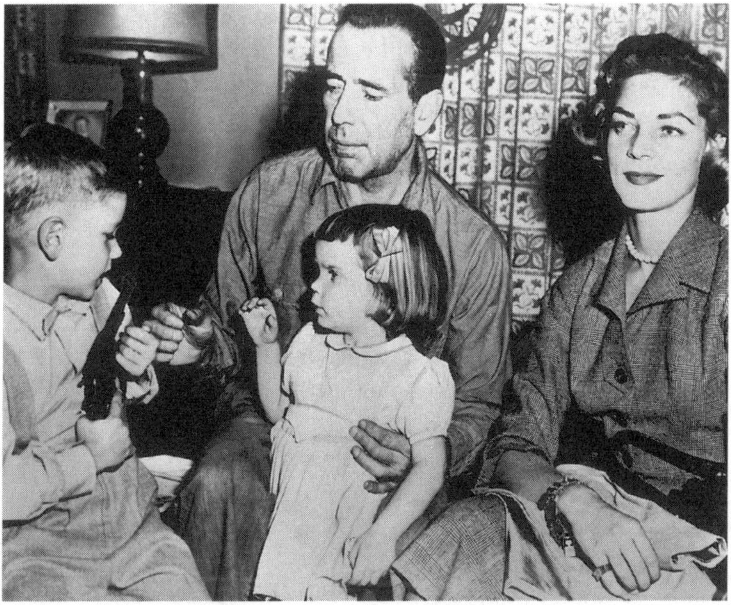

1952 war die Familie vierköpfig: Sohn Stephen und Tochter Leslie komplettierten das Bild der perfekten Hollywoodfamilie.

zusammen mit der ehrgeizigen Katharine Hepburn vor der Kamera agieren sah, fühlte sie sich zurückgesetzt und erinnerte sich an die Zeiten, da sie in der Theaterschule in New York nur hatte zusehen dürfen – und darüber war sie doch längst hinaus! Aber wie oft liest sich die Biographie einer ambitionierten Frau nicht auch als die Geschichte eines Karriereknicks?

Humphrey Bogart selbst hatte ein äußerst gespaltenes Verhältnis gegenüber dem beruflichen Werdegang seiner jungen Frau. Howard Hawks hatte noch während der Dreharbeiten zu *To Have and Have Not* zu Bogart gesagt: «Du bist als Schauspieler gut genug, um zu wissen, daß Betty überhaupt nicht gut ist, wenn sie vergißt, was ich ihr beigebracht habe. Du hast es miterlebt und weißt genau, wovon ich spreche. Alles, was sie in ihren letzten Filmen getan hat, ist absolut falsch für sie. Jetzt liegt es an dir, darauf zu achten, daß sie das Richtige tut, sonst ruiniert sie sich.» Dem immerhin zum viertenmal frischgebackenen Ehemann lag allerdings nicht besonders viel daran, die Karriere seiner ambitionierten Gattin zu unterstützen, nachdem er mit seiner väterlich-werbenden Berufsberatung in *To Have and Have Not* alles bei ihr erreicht hatte.

Schon zwei seiner Ehen waren schließlich daran gescheitert, daß beide Partner ihre beruflichen Ziele konsequent verfolgt hatten und keiner von beiden dabei zurückstecken wollte. Helen Menken hatte sich mehr um ihre Engagements gekümmert als um die häusliche Harmonie, und in der folgenden Ehe hatte Bogart nicht begriffen, warum Mary Philips auf der Fortsetzung ihrer Schauspielerei bestanden hatte, wo er doch mit *The Petrified Forest* endlich zu so viel Geld gekommen war, daß es für zwei gereicht hätte. Mayo Methot schließlich hatte ihm Szenen gemacht, weil sie keine Engagements mehr bekam, während er die Karriereleiter erklomm. Warum also hatte er jetzt noch ein viertes Mal geheiratet? Um dieselben Erfahrungen noch einmal zu machen? Damit sein Baby verschiedenen Engagements an Drehorten in aller Herren Länder nachginge und außerhalb seiner Reichweite wäre? Sohn Stephen erinnert sich, daß sein Vater seiner Mutter hart zusetzte, wenn sie hin und wieder Anstalten machte, ihre Arbeit in den Studios wiederaufzunehmen und die Kinder einem Mädchen zu überlassen. So soll er ihr den frommen Ratschlag gegeben haben: «Wenn du schon keine zweite Sarah Bernhardt werden kannst, dann gib doch nicht alles auf, nur um eine einfache Schauspielerin zu sein. Du hast zwar Zeit, Filme zu drehen, aber nicht, meine Socken zu stopfen.» Vielleicht waren es solche Sätze, die Mayo einst zum Wahnsinn getrieben hatten.

Der Patriarch hatte Glück mit seiner neuen Frau. Schon während der Dreharbeiten zu *To Have and Have Not,* als Lauren Bacall in ihrer frischen Verliebtheit ungeduldig von einem Telephonanruf zum nächsten lebte und ihre Karriere weit abgeschlagen auf Platz zwei rangierte, hatte sie von nichts anderem mehr geträumt, als für immer und für welchen Preis auch immer mit Humphrey Bogart zusammensein zu können. Sie hatte sich keine Illusionen darüber gemacht, daß er ganz konventionelle Auffassungen von einer Ehe und der Rolle der Ehefrau besaß und daß er von ihr völlige Hingabe fordern würde. Bei einem ihrer heimlichen Treffen hatte er ihr erklärt, er wolle kein gemeinsames Leben mit ihr beginnen, bevor ihr nicht ganz klar war, was für sie wichtiger wäre – die Ehe oder die Karriere. «Wenn du Karriere machen willst, dann heirate lieber nicht. Du kannst nicht beides haben», hatte er gesagt, aber die hoffnungsvoll Verliebte zweifelte damals keinen Augenblick daran, daß es für sie am allerwichtigsten war, so schnell wie möglich Mrs. Humphrey Bogart zu werden. «Ich wollte nicht, daß mein Leben wieder wurde wie früher, bevor ich mich verliebt hatte, aber ich war hin und her gerissen. Auf der einen Seite stand meine Karriere, meine berufliche Zukunft, mein Wunschtraum. Auf der anderen Bogie, meine erste, absolute Liebe, die auf ihre Weise ebenso meine Zukunft verkörperte.»

Plötzlich ging es ihr nicht mehr um die Karriere allein, es ging um alles – und war sie nicht für das Liebesglück ausgezogen? «Betty war der Puffer zwischen ihm und der Welt. Auf Reisen übernahm sie alles Notwendige. Sie kümmerte sich um Tickets, Reservierungen und Abfahrtszeiten. Sie überwachte das Packen und sorgte für seine Mahlzeiten. Aber das Wichtigste war, daß er sich mit ihr zusammen entspannen und völlig natürlich sein konnte», schreibt Joe Hyams. Der Mann als Aufgabe, da war er!

Nicht sehr gnädig sprang die Presse mit der jungen Mutter Lauren Bacall um. Was auch immer sie tat, nie war es den Kritikern recht: Sobald sie sich wieder ihrer Arbeit als Darstellerin widmete, schimpfte man sie eine egoistische Rabenmutter; verzichtete sie jedoch auf den Fortgang ihrer Karriere, hielt man ihr Feigheit und Talentlosigkeit vor – sie habe ja doch nur durch die Schützenhilfe Humphrey Bogarts Eingang ins Hollywood-Geschäft gefunden. So saß sie immer zwischen den Stühlen. Kaum überließ Lauren Bacall die Kinder für einen bestimmten Zeitraum einer fremden Person, stellte man sie schon als verantwortungslos an den Pranger – ihr Mann aber brauchte sich nur einmal für die Photographen über den Wickeltisch zu beugen und mit den Händen, in denen man einen Revolver zu sehen gewohnt war, einen Babypopo anzufassen, im Mundwinkel einmal keine Zigarette, sondern Sicherheitsnadeln zum Zusammenstecken der Windeln, schon hielt ihm die begeisterte und zutiefst gerührte Öffentlichkeit auch noch seine außerordentlichen Vaterqualitäten zugute.

Als Humphrey Bogart sich 1951 für die Dreharbeiten zu *The African Queen* in den Kongo begab, wollte sich Lauren Bacall dieses Abenteuer nicht entgehen lassen und ihn begleiten. Es war jedoch undenkbar, den einjährigen Stephen mit in den Dschungel zu nehmen, auch wenn Bogart der Presse gegenüber betonte, daß er diese lange Trennung von seinem Sohn haßte. Und er gab auch zu bedenken, daß seine vorherigen Ehen an zu vielen zeitlichen und räumlichen Trennungen von seinen Frauen gescheitert seien und daß er dieses Risiko nicht noch einmal eingehen wolle: «Also geht sie auch dorthin, wohin ich gehe.» So wurde das Baby der Obhut eines Kindermädchens überlassen, Alice Hartley. Der tragische Zufall wollte es, daß ausgerechnet dieses Kindermädchen noch am Flughafen einen Schlaganfall erlitt, kaum hatte die Maschine mit den Bogarts an Bord sich in die Lüfte erhoben. Sie starb wenig später in einem Krankenhaus, als sie in Manhattan zwischenlandeten, und so sprang Großmutter Perske für ein halbes Jahr als Babysitter ein. Diese Begebenheit war für alle Übelwollenden ein gefundenes Fressen, eine Lauren Bacall, der es dabei noch nicht einmal gelungen sei, ihre eigene Schauspielerkarriere auszubauen, als egoistisch und verantwortungslos darzustellen. Doch wer konnte es ihr verdenken, daß sie Lust hatte, ihren Mann zu begleiten?

Hier präsentiert sich der ganz alltägliche Konflikt einer Frau, die allem und jedem gerecht werden will und muß, den Ansprüchen eines Mannes, den sie nicht verlieren will, einem Kind, dem sie eine gute Mutter sein möchte, und sich selbst. Schmutzige Wäsche wurde wiederum auch reichlich gewaschen, als von den Dreharbeiten zu *The African Queen* ein Photo durch die Presse ging, auf dem Lauren Bacall saubere Wäsche aufhängt, während Humphrey Bogart in der Hängematte ein Nickerchen macht. «Holte Bogie Bacall nach Afrika, damit sie seine Wäsche sauberhält?» stand darunter zu lesen. Doch Bogart, den Journalisten gegenüber nie auf den Mund gefallen, und sei es auf Kosten seiner Frau, konterte: «Glauben Sie, Baby würde das zu Hause für mich machen? Nie im Leben. Kaum reise ich mit ihr um die halbe Welt, wird sie plötzlich zur perfekten Hausfrau. In Hollywood würde sie nicht einmal ein Taschentuch waschen. Ohne Witz!»

Zwar riß die Serie von Filmen, in denen man Lauren Bacall zu sehen bekam, niemals ab, zur einsamen Größe einer Greta Garbo oder einer Marlene Dietrich reichte es jedoch nie. Stephen Bogart weiß dagegen von einer Begegnung zwischen seinem Vater und Ingrid Bergman zu berichten: Humphrey Bogart «brüllte Ingrid Bergman an, weil sie ein uneheliches Baby erwartete – Isabella Rossellini, die heute selbst eine internationale Filmschauspielerin ist – und dieser Skandal ihre Karriere zu ruinieren drohte. ‹Du warst ein großer Star›, konstatierte er. ‹Und was bist du nun?›

Und Ingrid Bergman antwortete gelassen: ‹Eine glückliche Frau.›»

Mit solcher Konsequenz konnte Lauren Bacall nicht reagieren – schon deshalb nicht, weil sie mit einem Mann zusammenlebte, der ihren doppelten Ehrgeiz herausforderte: den als Schauspielerin, die sie war, als er sich in sie verliebte, und den als Liebende, die ihre Liebe konform den traditionellen Rollenmustern und seinen Vorstellungen als Ehemann unter Beweis zu stellen versuchte.

Blaues Meer

War Humphrey Bogart mit Lauren Bacall auch in einen Ehehafen eingelaufen, in dem die Wogen sich geglättet hatten und wo er sich zu Hause fühlen konnte, so zog es ihn doch immer wieder hinaus auf das offene Meer. Und dies buchstäblich. Der gestandene Bogart liebte die See und das Segeln von Kindesbeinen an. Schon sein Vater hatte sich als Schiffsarzt verpflichtet, und wann immer der Haussegen bei den Bogarts schief hing, war sein bewährter Zufluchtsort das Sommerhaus mit Segelboot am Canandaigua Lake. Dort brachte er seinem Sohn beizeiten bei, wie man ein einfaches Boot navigierte. Später bot sich dem ziellosen Humphrey eine Arbeit auf der Werft eines Schiffsingenieurs an, und während des Ersten Weltkrieges kreuzte er als Marinesoldat über den Ozean. So wurde das Segeln zu seinem Lieblingshobby, und er verbrachte jedes freie Wochenende an Bord seiner eigenen Yacht.

Als Humphrey Bogart zu Geld gekommen war, legte er sich sein erstes Boot zu, eine 12-Meter-Yacht, die ‹Sluggy›, auf der er sich mit Mayo Methot vergnügte, die das Segeln ebenfalls liebte – vielleicht lag es auch ihr im Blut, denn ihr Vater war Schiffskapitän gewesen. Die Sluggy spielte auch eine kleine Rolle in den Anfängen der Beziehung zwischen Humphrey Bogart und Lauren Bacall: Mitglieder des Yachtclubs, dem Bogart beigetreten war, argwöhnten, daß die neue Geliebte des immer noch mit Mayo verheirateten Mannes offenkundig eine Nacht mit dem Inhaber der Yacht an Deck verbracht hatte. Erst als auch Freunde, Pat und Zelda O'Moore, übernächtigt aus ihren Kabinen gekrochen kamen und lautstark beteuerten, daß auch sie an Bord des Schiffes übernachtet hätten, waren die Tugendwächter besänftigt und ließen die moralischen Zeigefinger sogleich wieder sinken. Aber man hatte sie überlistet: Das Freundespaar hatte sich morgens ungesehen auf das Boot geschlichen, Pyjamas angezogen und mit dieser rasch inszenierten Notlüge Bogarts Ausschluß aus dem Club in letzter Sekunde vereitelt. Und nicht nur das: Es hätte das junge Glück noch weit schlimmer treffen können, denn wenn man den noch in Scheidung lebenden Ehemann mit einer Geliebten erwischt hätte, wäre er gemäß kalifornischem Recht des Ehebruchs schuldig gewesen, was seine Wiederverheiratung sieben Jahre lang ausgeschlossen hätte.

Das Donnerwetter erwartete Humphrey erst zu Hause. Dort stand Mayo schon wieder schwankend in der Tür und stellte ihren abtrünnigen Gatten zur Rede. «Glücklicherweise sank sie besinnungslos zu Boden, ehe sie Schaden anrichten konnte», weiß Hyams zu berichten. Das sinkende Schiff dieser Ehe war ohnehin nicht mehr zu retten. Jener Vorfall gehörte zu den Zerreißproben zwischen zwei Ehen, die auch Lauren Bacall nicht nur liebevolle Nächte an Bord der Yacht bescherten. Noch war das Aufgebot nicht bestellt, das Boot lag vor Balboa vor Anker, da brach ein heftiger Streit zwischen ihr und dem künftigen Gatten aus, ein Anfall von Jähzorn, der dem übermäßigen Scotchgenuß des Kapitäns zuzuschreiben war. Bogart brach plötzlich in eine Suada gegen alle Schauspielerinnen dieser Welt aus, die am Ende alle gleich seien, allesamt unzuverlässige Schlampen. Brachte der von seinen Ängsten und schlechten Erfahrungen Gepeinigte da womöglich etwas durcheinander und verwechselte seine junge Braut mit Mayo? Es war schon stockfinstere Nacht, da bestieg er das Ruderboot, fuhr zurück ans Land und ließ sie mutterseelenallein an Bord zurück. Lauren sagte in einer solchen Situation nicht: «Ich liebe dich, aber ich kann dir nicht vertrauen», so wie Gloria Grahame in *In a Lonely Place*. Sie weinte bis zum Morgengrauen und nahm am nächsten Tag die Entschuldigungen des Wüterichs ent-

Der passionierte Segler Humphrey Bogart nahm sogar an Segelregatten teil, gewann dabei blinkende Trophäen und war stolz darauf, daß die professionellen Segler ihn mit schöner Selbstverständlichkeit nicht als den Schauspieler betrachteten, der sich an den Wochenenden auch mal an Bord eines Schiffes zu profilieren versuchte, sondern als einen der Ihren. Er war ihr erklärter Sportsfreund, Photos zeigen ihn entsprechend zünftig in wetterfester Kleidung, und auch Lauren ließ sich hin und wieder mutig mit Ölzeug und Sturmfrisur an Deck ablichten.

gegen – nicht, weil sie es nicht besser wußte oder wehrlos war; sie wußte, daß sie sich auf einen Mann mit Eigenschaften eingelassen hatte – und nicht nur den besten.

Bald vergrößerte der reiche Filmstar als Kapitän sein schwimmendes Terrain und kaufte eine luxuriösere Yacht, die er nach den Winden vor der kalifornischen Küste ‹Santana› nannte. «Bogie benutzte das Boot immer wieder als Prüfstein», schreibt der Biograph Joe Hyams. «Jemanden, den er nicht mochte, nahm er einen Tag lang mit auf das Boot. Nach Bogies Theorie zeigte sich auf dem engen Raum der ‹Santana› der wahre Charakter eines Menschen ebenso deutlich wie im betrunkenen Zustand.» Selbst Lauren Bacall kam um diesen Härtetest nicht herum – und sie bestand ihn schlecht, denn wenn Mayo ihr eines voraus hatte, dann war es Seetüchtigkeit. Lauren wurde speiübel auf den Wellen, die die Yacht hin und her schaukeln ließen. Der Liebe tat es zwar keinen Abbruch, daß sie kein besonders gutes Verhältnis zum Lieblingshobby ihres Mannes hatte, doch über die Ursachen ihrer Malaise brach hin und wieder Streit aus. Humphrey Bogart behauptete steif und fest, ihre Seekrankheit habe rein psychische Ursachen, und wenn sie sich nur ganz fest vornehme, nicht seekrank zu werden, müsse sie sich auch nicht übergeben. Lauren Bacall lehnte solche Willensübungen trotzig ab – lieber blieb sie eine Landratte. Ein Segelfreund Humphrey Bogarts, George Roosevelt, äußerte sich dazu: «Sie mochte die Yacht nicht besonders, und auch nicht die Crew. Wir waren nicht nach ihrem Geschmack. Wir waren nur Segler; wir waren nicht der Präsident der Vereinigten Staaten, der Piano spielte, während sie obenauf saß.»

Roosevelt, ein Neffe des Präsidenten, war nicht der einzige, der auf Lauren Bacalls neureiches Darstellungsbedürfnis anspielte, auf ihren Ehrgeiz, sich in prominenter Gesellschaft zu spreizen. Humphrey Bogart sagte man genau das

Gegenteil nach; das Meer war, wie schon für seinen Vater, sein Zufluchtsort. «Die See – die Luft – ist sauber und gesund, und ich bin fernab von all dem Hollywood-Geschwätz und diesen Parasiten», so der Kettenraucher. Wenn er zusah, wie sich die Uferlinie allmählich entfernte, konnte er abschalten. Dann war er nicht mehr der Filmschauspieler, der sich an Land vor Fans kaum retten konnte, sondern nahm die Identität des Seemanns an. Er befuhr als solcher zwar nicht die sieben Weltmeere, sondern nur die Gewässer vor der kalifornischen Küste, aber trotzdem unterschied er sich von all jenen Stars und Schwerreichen, die eine Yacht besaßen, um damit herumzuprotzen, von jenen braungebrannten Lebemännern, die die meiste Zeit nur im Hafen von Catalina vor Anker lagen, um sich mit der Gesellschaft spärlich bekleideter Blondinen an Deck zu brüsten. Bogart prahlte weder mit einem schnellen Auto noch mit weiblicher Begleitung als Statussymbol: «Sosehr Bogie die Schönheit seiner Frau bewunderte und so stolz er auch darauf war, Betty bildete für ihn nie eine Staffage, ein Schmuckstück zum Protzen.» Bogart auf seiner Yacht hatte ganz das Format eines würdigen Kapitäns. Er nahm an Segelregatten teil, gewann dabei sogar blinkende Trophäen und war stolz darauf, daß die professionellen Segler ihn mit schöner Selbstverständlichkeit nicht als den Schauspieler betrachteten, der sich an den Wochenenden auch mal an Bord eines Schiffes zu profilieren versuchte, sondern als einen der Ihren. Er war ihr erklärter Sportsfreund; Photos zeigen ihn entsprechend zünftig in wetterfester Kleidung, und auch Lauren ließ sich hin und wieder mutig mit Ölzeug und Sturmfrisur an Deck ablichten. Später stritt sie ihre Wasserscheu ab, die zu den zahlreichen Legenden gehört hätten: «Es gibt einen Mythos von meiner Abneigung gegen das Segeln. Gelogen! Ich war enttäuscht, daß wir nirgendwo anders hinfahren konnten, weil es das Boot gab, und es war kostspielig und neben zu Hause der einzige andere Ort, an dem Bogie sich wirklich gern aufhielt. In Wirklichkeit war ich gern dort – nur wir zwei. Kein Schiffsmann. Ich liebe das Wasser – ich liebe es, zu schwimmen – aber ich (oder mein Magen) vertrage keinen Seegang.»

Vielleicht war es Bogart manchmal aber auch ganz recht, daß seiner Frau das nasse Element nicht so besonders lag. Als Zufluchtsort schien sich die Santana nämlich nur zu bewähren, wenn überhaupt keine Frauen mitkamen. «Das Problem mit Damen an Bord ist, daß man nicht über die Reling pinkeln kann», soll er salopp dazu gesagt haben. Mit den Freunden wurde an Bord gezecht, sie spielten Karten, sie spielten Schach. Mit von der Segelpartie waren dann meistens seine Freunde David Niven, Frank Sinatra und Errol Flynn, der selbst eine Yacht besaß, die ‹Zaca› – die jedoch zum traurigen Schauplatz für eine Straftat wurde: An Bord dieser Yacht hatte er sich an zwei minderjährigen Frauen vergangen, ein Skandal, der im Interesse der Filmproduzenten schnellstens vertuscht wurde.

Humphrey Bogart fuhr auch noch hinaus aufs Meer, als er schon krebskrank war. Lange hatte er den Ernst der Lage mit ebenso markigen Sprüchen heruntergespielt wie seine Ehekrise mit Mayo. Erst als er wirklich keine Kraft mehr besaß, den Anker zu lichten, gestand er sich ein, daß seine Stunde geschlagen hatte, denn der Verzicht auf seinen Lieblingssport symbolisierte für ihn auch das Lebensende.

Als Humphrey Bogart gestorben war, wollte Lauren Bacall seine Asche auf dem Meer verstreuen lassen; doch die Seebestattung, ganz im Sinne des passionierten Seglers, scheiterte an den kalifornischen Behörden, die eine solche Zeremonie nicht genehmigten. Lauren Bacall veräußerte die Santana erst nach dem Tod ihres Mannes, und zwar weit unter Preis, dafür aber an Bekannte, von denen sie wußte, daß diese das gute Stück, das sie dem Verstorbenen nicht mit ins Grab geben konnte, in Ehren halten würden.

Als Boss seiner eigenen Produktionsfirma hatte Humphrey

Bogart, der auch in vielen Filmen an Bord eines Schiffes agiert hatte, einst die Rechte für die Verfilmung eines weiteren Hemingway-Romans erwerben wollen, *Der alte Mann und das Meer*, doch die Verhandlungen scheiterten. Erst nach Bogarts Tod, 1957, wurde der Roman verfilmt, und zwar mit seinem Freund Spencer Tracy in der Hauptrolle – eine posthume Hommage an den verstorbenen Freund und Kollegen.

Blauer Dunst und flüssig Brot

«Folgt man seinen Biographen, so verfügte Humphrey über eine erstaunliche Zahl von ‹Freizeitbeschäftigungen›. Er spielte Golf, Tennis, Bridge, Schach. Er ging segeln. Er las *Bücher*! Außer bei einer Gelegenheit sah ich ihn immer nur mit Leuten zusammensitzen, trinken und sich unterhalten.» So eine Beobachtung der Kollegin aus den frühen Jahren am Broadway, Louise Brooks. Bekanntlich hat sich Humphrey Bogart nicht gerade als Leseratte einen Namen gemacht. Er erklärte selbst: «Das ist meine Art der Erholung, herumzusitzen, mich zu unterhalten und für meine Familie dazusein. Mehr will ein Mann über fünfzig nicht. Das Trinken hat mir noch nie geschadet, und ich glaube, ich bin ein verdammt guter Vater.»

So wie man Bogart nachsagte, daß er nicht bloß spielte, wen er darstellte, sondern eine Rolle stets mit seiner ganzen Persönlichkeit ausfüllte, so wurden auch seine Laster schnell zu den Markenzeichen seines Leinwandimages. Die von Bogart verkörperten Helden halten – wenn nicht einen Revolver oder eine Frau – für gewöhnlich Gläser und Zigaretten in den Händen. Längst hat die Fangemeinde aktenkundig gemacht, daß ihr Star während der 102 Minuten von *Casablanca* seine Rekordmenge von vierzehn Zigaretten raucht – filterlose Chesterfields waren Bogarts Marke. «Zigaretten waren das wichtigste Requisit für Bogarts veräußerlichte Darstellungsweise. Sie gehörten wie ein sechster Finger zu seiner Hand», heißt es salopp in einem Bogart-Fanbuch. Und sie gehörten zum Repertoire seiner Körpersprache: «Wie er Zigaretten anzündet, nur um nicht gleich sprechen zu müssen!» Als Sam Spade in *The Maltese Falcon* dreht er sich seine Zigaretten selber – und läßt seine Sekretärin das Papier anlecken. In *The Barefoot Contessa* geht ihm der Glimmstengel selbst noch bei strömendem Regen, in durchweichtem Trenchcoat, nicht aus.

«... war der Himmel über Hollywood schwarz oder rot / war's Champagner oder Kokain, was man bot?», danach fragt André Heller in seinem berühmten ‹Jean-Harlow-Lied vom 4. Oktober 1970›. Nun, der Champagner perlte in den glitzernden Dreißigern. Ihre Beschwingtheit war in den Vierzigern einem anderen Ausblick gewichen, der nach härteren Drogen verlangte.

Humphrey Bogarts Lieblingsgetränk war der Whisky. Die Flasche, so heißt es im Bogart-Fanbuch, «gehört zu Bogarts Überlebensausrüstung, gibt ihm etwas Rauhes und paßt zu seiner metallischen Stimme. Ein Tisch mit vollen Flaschen verstärkt seinen harten Zug, ein Tisch mit ausgetrunkenen Flaschen läßt seine Bartstoppeln sprießen.» Louise Brooks' erster Eindruck von Bogart war der eines schlanken jungen Mannes mit reizenden Manieren, der für einen Schauspieler ungewöhnlich ruhig war. Und wenn Humphrey trank, wurde er schnell müde und schlief gelegentlich ein, den Kopf in den Armen auf dem Tisch. «Wenn er abrupt wachgerüttelt wurde, sagte er meist etwas Rüdes und bekam dafür manchmal eine gewischt.» Vielleicht weil es angesichts der internationalen Katastrophen der vierziger Jahre nicht nur aus dem Leben Humphrey Bogarts gegriffen war, wurde das Bild des weltschmerzgetränkten, innerlich zerrissenen Rick Blaine aus *Casablanca*, der hinter einer nahezu geleerten Whiskyflasche sitzt, den Kopf in die aufgestützten Arme gesenkt, zu einer Ikone – bis plötzlich Ingrid Bergman alias Ilsa eintritt, die Frau seines Herzens, in einem strahlend weißen Gewand, und imaginäres Licht ins Dunkel bringt.

Lauren Bacall erscheint vielen Zeitgenossen und Biographen als jene reale Lichtgestalt in Humphrey Bogarts Leben, die ihn vor ärgeren Ausschweifungen bewahrte. Der blutjungen, unverbrauchten Frau sei es zuzuschreiben, daß Bogart seltener an der Flasche hing. Das erste Glas Scotch goß er sich jetzt erst nach achtzehn Uhr ein – wenngleich es dann nie bei diesem einen blieb. «Seine Unsicherheit hat ihn zu einem starken Trinker gemacht», meinte Lauren Bacall dazu. «Jetzt fühlt er sich emotional und beruflich sicher und trinkt nur noch in Gesellschaft. Er hat erkannt, daß er kein Glas in der Hand braucht, um sich daran festzuhalten.» Humphrey Bogart sah das genauso, Frau und Kinder ließen ihn mehr Disziplin wahren als zuvor. Lauren Bacalls Geheimnis bestand wohl darin, nicht belehrend den pädagogischen Zeigefinger zu heben, sobald Bogart sich einen weiteren Scotch einschenkte.

Ganz im Gegensatz zu ihrer Vorgängerin konnte sie maßhalten und trank ausschließlich während der Mahlzeiten. Während sie meist nüchtern blieb, klopfte der betrunkene Humphrey zu fortgeschrittener Stunde beleidigende Sprüche und versuchte, die Anwesenden zu provozieren. Lauren sagte dazu nichts, sie sah sich die Peinlichkeiten nur einigermaßen gelassen an, aber am nächsten Morgen, wenn Bogart verkatert aufstand, klärte sie ihn darüber auf, was für eine jämmerliche Figur er gemacht hatte. Immer wieder war er zerknirscht, immer wieder rückfällig, aber schließlich reduzierte er die Anzahl seiner Drinks – was für den Gewohnheitstrinker, der jede Menge Alkohol braucht, bevor er wirklich etwas spürt, aber immer noch einen erheblichen Konsum bedeutete. «Er trank so viel, daß er angenehm stimuliert, aber nie richtig betrunken wurde. Um die Mittagszeit stellte er seinen Thermostat ein, trank ein paar Scotch und achtete darauf, daß die wohltuende Wirkung für den Rest des Tages anhielt, das heißt, er sorgte automatisch für Nachschub, sobald es notwendig wurde», erzählte der Drehbuchautor Nunally Johnson, ein enger Freund Bogarts.

Erst in den Ehejahren mit Mayo Methot war Bogart zum schweren Säufer geworden. Die beiden standen sich an Trinkfestigkeit in nichts nach und zechten sich gegenseitig oft genug unter den Tisch. Eine Schwangerschaft Mayos hatte mit einem Abort geendet, und bei der Obduktion des Fötus stellte sich heraus, daß das Kind behindert gewesen wäre. Später sagte Humphrey Bogart: «Sie brachte mich dazu, zu trinken, und sorgte dafür, daß ich nicht aufhörte. Denn sie glaubte, nur dadurch könne sie mich halten.» Es mochte ja sein, daß Mayo ihn immer wieder zum Trinken angestiftet hatte, doch Bogarts Hang zum Alkohol hatte tiefere Wurzeln. Schon sein Großvater war starker Alkoholiker gewesen, sein eigener Vater, der Arzt, Morphinist, und Humphrey hatte schon in seinen Jugendjahren, noch ohne eine berufliche Perspektive vor Augen, die Zeit mit Trinken totgeschlagen. «In seinen Zwanzigern trank er mit New Yorker Freunden in Greenwich Village. Als er am Broadway war, trank er am Times Square. Als er schließlich ein Filmstar war, traf er sich mit seinen Freunden im ‹21›, wenn er in Manhattan, und bei Romanoff's, wenn er zu Hause war.» Seine jüngere, stark depressive Schwester Catherine war mit dreiunddreißig Jahren gestorben, sie war ein «Opfer der Prohibition», wie Bogart meinte.

Schaufelten sich die Durstigen trinkend ihr Grab, so verhalf das puritanische Verdikt der Mafia zu immer größerer Macht, denn mit dem begehrten flüssigen Gold ließen sich Höchstpreise erzielen. Die Unterweltsyndikate führten untereinander blutige Kriege, was nicht verhinderte, daß sie sogar zu Sympathieträgern wurden, weil sie mit dem Alkoholhandel die Interessen der Bevölkerung eher vertraten als die Regierung. In jener Zeit zwischen 1919 und 1933 wurde bekanntlich mehr Alkohol getrunken denn je, meistens konspirativ in den schummrigen Hinterzimmern bestimmter Bars und einschlägiger Privatclubs – so lange, bis eine Razzia dem Treiben ein jähes Ende bereitete, die Clubbesitzer verhaftete und der Inhalt der Flaschen in die Kanalisation gekippt wurde. Wie es den New Yorker Stadtratten dort unten seinerzeit ging, ist nirgendwo festgehalten, aber eine Statistik verzeichnet, daß in den USA zwischen 1920 und 1930 rund 35000 Menschen an schierer Alkoholvergiftung starben.

Auch Mayo Methot trank sich zu Tode: 1951, sie war erst siebenundvierzig, erfuhr Humphrey Bogart vom Tod seiner Ex-Frau. Während der Dreharbeiten zu *The African Queen* erreichte ihn das Telegramm im afrikanischen Busch. Man hatte Mayo erst gefunden, als aus dem Zimmer ein starker Verwesungsgeruch hervordrang. Für einige Tage waren die Dreharbeiten lahmgelegt: Bogart war zutiefst getroffen und wurde von Gewissensbissen geplagt, weil er die labile Gefährtin langer Jahre damals verlassen hatte. Ihm fielen alle ihre verzweifelten Telephonanrufe wieder ein.

In *The African Queen* war Bogarts Filmpartnerin Katharine Hepburn. Nicht nur spielte sie hier eine zugeknöpfte, altjüngferliche Missionarin – die Hepburn benahm sich auch im richtigen Leben wie eine solche, denn sie war eine entschlossene Verfechterin eines asketischen Lebensstils. Demonstrativ trank sie nur Wasser, das sie vorher abkochen ließ, während ihr Filmpartner unbeirrt an Hochprozentigem festhielt. Bogarts heißgeliebter Scotch soll eigens für ihn in den Busch eingeflogen worden sein. Ein ironischer Höhepunkt des Films *The African Queen* ist jene Szene, in der Katharine Hepburn alias Rose Sayer den begehrten Inhalt sämtlicher Ginflaschen ihres Begleiters über Bord in den Fluß schüttet. Die Ironie in der Wirklichkeit war, daß nicht nur Katharine Hepburn, sondern sämtliche Darsteller und die gesamte Crew in den Tropen schon bald von unangenehmen Darminfektionen befallen wurden – alle außer Humphrey Bogart, was er ohne Umschweife und sicher zu Recht der segensreich desinfizierenden Wirkung des Whiskys zuschrieb, den er trotz der immensen Hitze Tag für Tag in alter Gewohnheit

Humphrey Bogart ist auch durch so saloppe Sprüche unsterblich geworden wie: «Ich glaube, die Welt hinkt um drei Drinks hinterher, und es ist höchste Zeit, daß sie das aufholt» und «Etwas geschieht mit den Leuten, die trinken. Sie leben länger.» In der Ehe mit Lauren Bacall, so hieß es, reduzierte er das Maß seines Lieblingsgetränks Scotch.

herunterstürzte. Katharine konnte trotz dieser therapeutischen Effekte nur einen besorgten Blick auf die Gewohnheiten ihres Charlie Allnutt werfen: «Ich selbst schwitzte wie verrückt. Bogie kein bißchen. Betty sah stets wunderschön aus. Daß Bogie nicht schwitzte, schien mir nicht gesund zu sein. Ich antizipierte seinen frühen Kollaps im Dschungel, denn ich hatte ja gehört, daß er eine ganze Kleinigkeit vertrug.»

Zu guter Letzt aber hatte selbst eine Puritanerin wie Katharine Hepburn allen Grund, das Glas zu erheben, diesmal, um mit ihrem Filmpartner anzustoßen: Die Premiere des gemeinsamen Films am 21. Februar 1952 war ein grandioser Erfolg, und Humphrey Bogart erhielt – trotz scharfer Konkurrenz, nämlich des jungen Marlon Brando in der Hauptrolle von *A Streetcar Named Desire* [Endstation Sehnsucht] – für seine Darstellung in *The African Queen* den begehrten Oscar.

Der Alkohol wirkte in Humphrey Bogarts Leben nicht nur desinfizierend, sondern auch immer wieder auf zweifelhafte Weise kommunikativ. Zahlreiche Anekdoten ranken sich um Besäufnisse mit Freunden, die öfter zu Handgreiflichkeiten führten. Hatte Bogart sein großzügiges Maß noch überschritten, dann nahm er gern den Mund zu voll, wurde vulgär gegenüber Frauen und ging ruppig mit seinen Zeitgenossen um. Wohl am spektakulärsten ist die Pandabären-Affäre, jener leicht lächerliche Auftritt in einem Club, wo er zwei lebensgroße Stoffpandas geschenkt bekam. Ein anwesendes Model griff sich einen dieser niedlichen Plüschbären, und Humphrey Bogart versetzte ihr einen derben Schlag. Es kam zu einem Gerichtsverfahren – und der Star gewann, weil er – wie der Richter befand – schließlich nur sein Eigentum verteidigt hatte. Nun ja, Humphrey Bogart brachte sich nur durch harmlosere Hiebe in Konflikt mit dem Gesetz – Hollywood hatte ganz andere, durch Trunkenheit angezettelte Gewalttätigkeiten gesehen, wie an einem Abend des Jahres

1921, als Fatty Airbuckle eine Frau mit einer Sektflasche penetrierte, die kurz darauf an einem Blasenriß starb. Auch wenn er vom Gericht freigesprochen wurde, war sein Ruf doch so tief geschädigt, daß er in Hollywood nicht mehr Fuß fassen konnte.

Die Tumulte, die sich auf diese Weise entwickelten, wurden meistens wieder dadurch geschlichtet, daß der Barkeeper den Streitlustigen ein zweites Glas, sozusagen als Waffenstillstandstrunk, über die Theke schob. Und manchmal war es auch Lauren Bacall, die ihren schwankenden Mann am Jackettärmel ergriff und ihm nahelegte, jetzt besser den Heimweg anzutreten. «Ich brachte mich in Erinnerung.»

Schwierig wurde es jedesmal, wenn die Bogarts sich in Europa aufhielten. In Frankreich drohte die Situation im Restaurant stets zu eskalieren. Die Sitte der Franzosen, vor dem Essen bei ausgedehnter Konversation mehrere Aperitifs hintereinander einzunehmen, kam Humphrey auf zweifelhafte Art und Weise entgegen; und ebensogut gefiel ihm, daß man zu einem mehrgängigen französischen Menü zu jedem Gericht eine passende Flasche mit einer anderen Weinsorte entkorkte. Es ging nicht an, daß auch nur eine davon halb voll wieder in der Küche verschwand, und so wurde mit jedem Teller gleich die ganze Flasche geleert. Allerspätestens beim abschließenden Cognac drohte ihnen dann der Rausschmiß. Auch in Italien tat Bogart sich schwer, seine Gewohnheiten auch nur kurzfristig zu ändern: Der notorische Ham-and-Eggs-Esser verschmähte noch die köstlichste Pasta, und der Liebhaber scharfer Spirituosen konnte sich nicht mit dem Chianti anfreunden. Ezra Goodman, Journalist beim *Time Magazine*, der Bogart über einen längeren Zeitraum befragte, wozu man sich immer in Bogarts Stammrestaurant, dem Romanoff's traf, schildert die Mahlzeiten als «hauptsächlich flüssig». «In meiner Erinnerung stand wenig richtiges Essen auf dem Tisch, und noch weniger davon wurde verzehrt. Ich weiß noch, daß eine große Menge Feuerwasser die Kehlen herunterlief. Mein Eindruck in jener Zeit war, daß leere Schnapsflaschen durch die Luft flogen und sogar auf verschiedenen Schädeln niedergingen.»

Goodman hatte den Eindruck, daß Humphrey Bogart sich langweilte, daß er trank, weil ihn das Leben anödete und ihm die Machenschaften in Hollywood auf die Nerven gingen. Wer Sorgen hat, hat auch Likör. Auch als wichtige Entscheidungen anstanden, ertränkte Humphrey Bogart seine Gedanken gern in Alkohol. Hin und her gerissen zwischen Mayo und Lauren, erschien er zuweilen betrunkener denn je zu den Dreharbeiten. Diese neue Liebe beflügelte Humphrey Bogarts Eitelkeit genauso, wie sie seine Ängste schürte: «Eine Menge von Dads Ängsten», so der Sohn, «kamen zum Vorschein, wenn er trank, und eine davon war, besonders zu jener Zeit, er könnte Bacall verlieren. Aus ihrer Sicht schien das lächerlich. Sie liebte ihn, und wenn irgendein Herz in Gefahr war, dann ihres. Immerhin war er ein sehr begehrenswerter, witziger, wohlhabender, intelligenter und berühmter Mann, den viele Frauen ziemlich sexy fanden. Sie erlebte oft genug, wie Frauen ihn anmachten, oder es erschien ihr zumindest so. Für meinen Vater stellte sich die Situation etwas anders dar: Er war ein fast fünfzig Jahre alter Kerl, der auch nicht mehr ganz frisch aussah, und sie eine hinreißend schöne, talentierte, junge Schauspielerin, die jeden Mann kriegen konnte. So standen sich also zwei unsichere Menschen gegenüber.»

Trotz allem aber konnten die Süchte Humphrey Bogarts Erfolg als Leinwandstar nichts anhaben, ganz im Gegensatz zu anderen Kollegen, deren Alkoholismus ihre Karriere schließlich ruinierte – weder strandete er wie Mayo, noch platzte er aus den Nähten wie sein Oscar-Konkurrent Marlon Brando oder der späte Elvis Presley.

Er riß sich immer noch im letzten Moment zusammen und zog seine Arbeit durch; störender als die Trinkerei war eher seine Dauerqualmerei, denn der Raucherhusten platzte hin und wieder in eine Szene hinein, die dann mehrmals wiederholt werden mußte.

Humphrey Bogart ist auch durch so saloppe Sprüche unsterblich geworden wie: «Ich glaube, die Welt hinkt um drei Drinks hinterher, und es ist höchste Zeit, daß sie das aufholt» und: «Etwas geschieht mit den Leuten, die trinken. Sie leben länger.» Und auf die Frage eines Reporters, ob er zum Zeitpunkt seiner Stoffbären-Rauferei betrunken gewesen sei, sagte er nur: «Ist das nicht jeder um drei Uhr morgens?» Es ist allerdings mehr als fraglich, ob die amerikanische Filmindustrie heutzutage mit einem Bogart-Image noch bei jenen Massen ankäme, die ein rauchfreies, abstinentes Amerika propagieren und dieses durch ihre Stars repräsentiert wissen möchten. Nicht zufällig ist eine Fernsehserie wie *Dallas* die reinste Nichtraucherserie, denn keine der zur Identifikation geeigneten Personen zündet sich in einer Szene jemals eine Zigarette an – nur die ganz Bösen tun das, und ihnen steht ein schlimmes Ende bevor. Der Bösewicht J. R. etwa kippt etwa alle drei Minuten einen Whisky. Ein Kettenraucher und harter Trinker wie Humphrey Bogart entspräche jedenfalls nicht dem Image des zeitgenössischen properen Stars – wie allen voran das neue Hollywood-Idol Leonardo Di Caprio es verkörpert, mit dessen Abstinenz besonders geworben wird.

In den fünfziger Jahren dachte man auch noch nicht an die gesundheitlichen Folgen des Rauchens; an warnende Aufschriften auf Zigarettenpackungen war noch nicht zu denken. Ein standhafter Trinker verkörperte einen ganzen Kerl, ein Mann, der nichts vertrug, galt hingegen als Schwächling. Trinker waren sie alle: Spencer Tracy, der von Katharine Hepburn bis zu seinem Tode gepflegt wurde; Frank Sinatra, offenbar eine zähe Natur, der fast das nächste Jahrtausend erlebte, oder der smarte Clark Gable. Schnell waren die Kollegen, die sich regelmäßig zechend bei den Bogarts zu Hause oder in Bogarts legendärem Stammrestaurant Romanoff's zusammenfanden – Frank Sinatra, David Niven, Irving Lazar und Dean Martin –, und sie waren bald unter dem Namen ‹Holmby Hills Rat Pack› berühmt-berüchtigt. Auch eine Frau war mit von der Partie, Judy Garland, die mit den Jahren auch durch Tablettenmißbrauch immer aufgedunsener aussah.

In *To Have and Have Not* gibt es eine Szene, in der Humphrey dem Mädchen ein Päckchen mit Streichhölzern zuwirft, das sie auffängt. Diese Einstellung war auch das Herzstück der Probeaufnahmen – Lauren zitterte vor Nervosität und ließ das Schächtelchen mehrmals fallen, bis die Szene endlich im Kasten war. Und während der Dreharbeiten ließ Humphrey sich die Telephonnummer seiner Partnerin auf ein zerfleddertes Streichholzpäckchen kritzeln, das er aus der Jackentasche gezogen hatte, als er sie in ihrer Garderobe besuchte.

In *The Big Sleep* assistiert sie dem gefesselten Privatdetektiv, indem sie ihm den Glimmstengel sogar eigenhändig zwischen die Lippen steckt, ganz zu schweigen von den unzähligen Szenen, in denen sie sich gegenseitig Feuer geben. Lange bevor die Amerikaner ihre zweite große Prohibitionskampagne starteten, war das Rauchen eine Obsession wie das Trinken. Beide Laster waren eigentümlich mit der demokratischen Verfassung des Landes verwandt, entsprachen ihr selbstmörderisch genau: denn dem Alkohol wie dem Nikotin verfielen sie alle, die Reichen und die Armen.

Lauren Bacall war selbst starke Raucherin, die schon als Sechzehnjährige qualmte, bis das Päckchen leer war und ihr übel wurde, weil sie kein Beweismaterial mit nach Hause bringen wollte – schließlich hatte sie ja für den ganzen Inhalt bezahlt und konnte den verräterischen Rest nicht einfach wegwerfen. Obwohl sie mit Pfefferminzpastillen gegen ihren rauchigen Atem anlutschte, kam ihre Mutter eines Abends

Nicht nur auf der Leinwand war das Feuergeben eine typische Handbewegung Humphrey Bogarts.

naserümpfend hinter das kleine Geheimnis und hielt ihrer Tochter eine ordentliche Standpauke.

Die obsessive Raucherin Lauren Bacall mußte sich noch einmal, und zwar von einem ihrer Kollegen bei den Dreharbeiten zu *Sex and the Single Girl* [... und ledige Mütter], zurechtweisen lassen – ihr Partner Tony Curtis unterstellte ihr sogar einen unbewußten Todeswunsch, weil sie den Griff zur Zigarette nicht lassen konnte. So reduzierte sie ihren Konsum von zwei Packungen täglich auf einige wenige Zigaretten, aber nur so lange, bis der Film im Kasten war.

Wenn eine Frau rauchte, war dies der Ausdruck ihrer Emanzipation, eine Zigarette verlieh ihr Stärke und Verwegenheit – der blaue Rauch, der sich wie ein Schleier bewegt, trägt äußerst medienwirksam zum Spiel von Verbergen und Enthüllen bei. Die Kettenraucherin Bette Davis setzte ein ganzes Arsenal an diffizilen Bewegungen in ihren Filmen ein, sie klopfte den Tabak energisch auf der Tischplatte zurecht, bevor sie sich eine Zigarette anzündete, ging hüftschwingend mit dem Glimmstengel durch einen Raum, stieß den Qualm theatralisch aus, der wie eine weiße Schleppe hinter ihr herwehte. Nicht zuletzt wird das Rauchen als erotische Formel in vielen Filmen eingesetzt. Wenn ein Mann einer Frau Feuer gibt, so ist dies ein eindeutiger Hinweis darauf, daß es zwischen den beiden buchstäblich schon gefunkt hat. Und wenn Vivien Rutledge dem Detektiv Marlowe den angezündeten Glimmstengel in den Mund steckt, weil er – da gefesselt – keine Hand frei hat, unterstreicht diese Geste und das Hantieren mit dem phallischen Objekt das Image des selbstbewußten Frauentypus im Film Noir.

Kein Wunder, daß auch der Regisseur Luis Buñuel in Filmen besonders den Moment liebte, in dem der Mann um Feuer bittet. «Ich liebe diese Augenblicke, in denen nichts geschieht. Der Mann, der sagt ‹Gib mir Feuer› – diese Sachen interessieren mich sehr. ‹Gib mir Feuer›, das interessiert mich enorm ...»

Das Trinken indessen war ein Männersport wie das Segeln. Frauen durften zwar rauchen, aber eigentlich nicht trinken – eine Lady entgleiste nicht, sie nippte höchstens an einem Cocktail. Nur eine verzweifelte Frau darf in Filmen trinken, so wie Bette Davis in *Dark Victory*, als sie erfährt, daß sie einen Hirntumor und nur noch kurze Zeit zu leben hat – trotzdem bewahrt sie ihre Würde und blickt ihrem Ende heroisch entgegen. Eine Frau, die – wie Mayo Methot – auch in der Wirklichkeit übermäßig zechte, wurde schnell als verlotterte Schlampe angesehen. «Außerdem», so Lauren Bacall, «wurden Frauen auf den Partys in Hollywood in der Regel ignoriert. Wenn man nicht gerade der neueste Erfolgsstar war, kümmerten sich die Männer nicht um einen, sondern unterhielten sich lieber untereinander über die Filme, die sie gerade machten – über das Filmgeschäft. Wir Frauen fühlten uns nicht als Frauen, sondern waren einfach nur dabei.» Der Rat Pack brach auseinander, sobald Humphrey Bogart nicht mehr lebte – er hatte die gemischte Truppe, die hauptsächlich das Trinken zu verbinden schien, tatsächlich zusammengehalten.

«– – – Humphrey Bogart, der Zigaretten raucht, / die Krebs-Zigaretten, / und – ganz Harter Bursche – im Hauseingang steht, / die Frauen werfen sich an / ihn / ihn, der wie ein Gott ist, der nie / scheißt oder sich in der Nase / popelt» – so die ersten Zeilen eines Gedichts von Charles Bukowski, *Bogart in der Welt der Toten*.

Humphrey Bogarts Todesursache lautet: Kehlkopfkrebs, und der Zusammenhang zwischen seinem Lebenswandel und seinem Tod liegt auf der Hand. Auch das Trinken, das ihm, wie er behauptete, nichts schadete, tat auf lange Sicht gewiß seine Wirkung. Ersparen wir uns an dieser Stelle die detaillierte Schilderung all seiner Qualen, der vielen Operationen, denen er sich binnen weniger Monate unterziehen mußte. Der sterbenskranke Bogart riß mit Galgenhumor seine harten Sprüche und genehmigte sich täglich weiterhin wenigstens ein paar Martinis. Solange er noch eine Zigarette halten konnte, rauchte er trotz eines ununterbrochenen Hustens unbeirrt und unbelehrbar gegen seinen Gesundheitszustand an. Ohnehin war alles zu spät: Eines Tages teilte der Arzt seinem Patienten mit, daß er eigentlich schon vor drei Monaten hätte tot sein müssen. Der Krebs hatte schon längst den ganzen Körper erfaßt.

Humphrey Bogart erlag seiner Krankheit in den Morgenstunden des 14. Januar 1957.

Die legendäre Witwe

Zwei Jahre vor Bogarts Tod, 1955, war das Fernsehen auf Humphrey Bogart und Lauren Bacall zugekommen. Der Filmschauspieler begegnete dem Medium zwar skeptisch, weil es seiner Ansicht nach die Ästhetik des Kinos verwässerte, trotzdem ließ er sich zusammen mit Lauren für eine neue Version des alten Schlagers *The Petrified Forest* engagieren. Obwohl er inzwischen in die Jahre gekommen war, spielte er den Duke Mantee mit der gleichen Überzeugungskraft wie ehedem, diesmal nicht zusammen mit Bette Davis, sondern mit seiner eigenen Frau als Partnerin. Lauren Bacall war damit in die Rolle der Schauspielerin geschlüpft, der schon immer ihre größte Verehrung gegolten hatte. Die Ausstrahlung des Stückes war ein Erfolg und eine Möglichkeit, an die gemeinsamen Auftritte der Vierziger wiederanzuknüpfen.

Louise Brooks berichtet, daß Humphrey Bogart sich jedes Jahr zu Weihnachten weinend *A Star is Born* angesehen habe, jenen Film, in dem eine junge Schauspielerin zu einem gealterten Schauspieler sagt, er werde sein Comeback gewiß noch haben. Der aber schüttelt darauf nur resigniert den Kopf. Sein Schicksal warf seine Schatten voraus: Im Januar 1956 begannen Bogart und Bacall mit ersten Probeaufnahmen zu einem Spielfilm, der sie seit *Key Largo* wieder einmal gemeinsam vor der Kamera zeigen sollte: *Melville Goodwin, U.S.A.*, ein Film über einen Armeegeneral und eine Pressezarin, der in dieser Besetzung jedoch nie entstehen sollte – ein Jahr später war Bogart schon nicht mehr am Leben. *Melville Goodwin, U.S.A.* wurde, noch während Bogart im Good-Samaritan-Krankenhaus lag, mit Kirk Douglas besetzt und, weil Lauren Bacall unter diesen traurig veränderten Umständen ihren Part auch nicht mehr übernehmen wollte, mit Susan Hayward und kam schließlich unter dem abgewandelten Titel *Top Secret Affair* in die Kinos.

Eine Hälfte des Paares war vor der Zeit gegangen. War Lauren Bacall bei der Hochzeit im Mai 1945 fast noch ein Kind gewesen, so war sie, als Humphrey Bogart 1957 starb, immer noch eine sehr junge Frau. Sie war Anfang Dreißig, hatte zwei kleine Kinder und stand erstmals in ihrem Leben alleine da – wenn auch materiell abgesichert durch ein Millionenvermögen, das Bogart ihr hinterlassen hatte. «Ich hatte nichts in die Ehe mitgebracht außer mir selbst. Bis auf ein paar Originalskizzen von Bogies Mutter Maud Humphrey, die ihm gehörten, hatte ich alles, womit wir gelebt hatten, erst nach dem 12. Mai 1945 angeschafft.» Damals war die Neunzehnjährige sozusagen über Nacht zum Filmstar und zur Ehefrau eines Superstars geworden. Das Schicksal hatte sie herausgefordert und ihr junges Leben schlagartig umgekrempelt. Mit Humphrey Bogarts frühem Tod stand sie nun erneut vor einer Situation, in der sich die Grundfesten ihrer bisherigen Existenz von einem Tag auf den anderen erschütterten. Doch waren seinerzeit Träume wahr geworden, und die sich überstürzenden Ereignisse hatten ihr gar keine Zeit gelassen, zur Besinnung zu kommen, so mußte sie nun das Leben, das sie so reich beschenkt hatte, neu überdenken. Das halbe Leben – und, wie wir inzwischen wissen, mehr als das – lag noch vor ihr.

Humphrey Bogart war zu einem Zeitpunkt von ihr gegangen, da sie noch zu jung war, um sich gelassen zurückzulehnen, andererseits war sie inzwischen auch zu alt und erfahren, um sich wie eine Jugendliche vollkommen neu zu orientieren. Die Berühmtheit und das Charisma ihres verstorbenen Mannes sollten dafür sorgen, daß sie als Bogart-Witwe zwar nie in Vergessenheit geriet, jedoch auch dafür, daß sie sich weder im Privat- noch im Berufsleben jemals recht von ihm lösen konnte.

Die vielen Freunde, die sich in Holmby Hills die Klinke in die Hand gegeben hatten, solange der Hausherr noch lebte, blieben nach und nach aus. Doch einer schien ihr die Treue zu halten, Frank Sinatra. Er, der zu Bogarts trinkfestesten Freunden gehört hatte, spielte noch zu Bogarts Lebzeiten eine besondere Rolle für Lauren Bacall: Als Bogart im Sterben lag, war Sinatra stets zur Stelle für die junge Frau, die dem Tod ihres Mannes ins Auge blicken mußte und den Moribunden versorgte. Sinatra, der wieder frei war, da ihn seine Frau, die barfüßige Gräfin Ava Gardner, unlängst verlassen hatte, bedeutete ihr in jener Zeit eine Stütze, ein vitales Prinzip, ein Gegengewicht zu der morbiden Atmosphäre daheim.

Bald nach Bogarts Tod schon waren Frank und Lauren ein häufig gesehenes Paar. An der Seite des lebenslustigen Stars fühlte sich die junge Witwe sicher, weil er zu den ständigen Gästen ihres Mannes gehört hatte; zusammen mit ihm durfte sie sich weiter in der vertrauten Bogart-Welt zu Hause fühlen. Sie besuchte mit ihm dieselben Clubs wie mit Bogart, und auch Sinatra besaß eine Yacht, die ‹Celeste›, auf die er Lauren Bacall mitnahm. Er machte sich für sie unentbehrlich, und schließlich hielt er um ihre Hand an. Die Presse, die sofort Lunte gerochen hatte, stürzte sich auf diese neue, medienwirksame Paarung, überall prangten Schlagzeilen über das bevorstehende Ereignis in den Klatschspalten. Sinatra sah die Zeitungen und sah rot. Vielleicht doch nicht restlos überzeugt von seiner Wahl, gab er Lauren Bacall unverzüglich die Schuld für diese Indiskretion, wollte von seinem Heiratsantrag plötzlich nichts mehr wissen und bereute seine Liebeserklärung als ‹something stupid›. Howard Greenberger schreibt in seiner Biographie, daß Lauren mit Bogarts Tod für Sinatra schlagartig etwas anderes verkörperte, was ihm vielleicht nicht sofort aufgegangen war: Sie war nicht mehr die Hausherrin, die sich mütterlich um ihre Gäste kümmern konnte, sondern eine alleinstehende Frau, die Geborgenheit suchte. Da kam eine Verantwortung auf Frankieboy zu, die er dann doch nicht übernehmen wollte.

Wann immer es später zu zufälligen Begegnungen kam, schnitt Sinatra die einstige Freundin, Geliebte und Ehefrau in spe ganz einfach. «Als wir einmal zusammen zu einem Dinner eingeladen waren, ignorierte Frank mich völlig, er schaute durch mich hindurch, als ob mein Stuhl leer wäre.» Sechs Jahre lang herrschte Funkstille zwischen den einstigen Freunden, und erst als Lauren Bacall den abtrünnigen Anwärter bei einem Konzert wiedertraf – er in Begleitung von Mia Farrow, die er 1966 heiratete, ein Glück, das nicht länger als zwei Jahre dauern sollte –, fand wieder eine Annäherung statt.

Aber Lauren Bacall heiratete doch noch ein zweites Mal. 1961 lernte sie den Broadway-Schauspieler Jason Robards auf einer Schauspielerparty kennen, und augenblicklich fühlte sie sich von ihm angezogen. Noch im selben Jahr wurde geheiratet. Der Lebenslauf des neuen Lebensgefährten ist dem Humphrey Bogarts sehr ähnlich. Auch er ein starker Trinker, auch er Schauspieler, auch er mußte sich erst scheiden lassen, bevor er Lauren Bacall heiraten konnte. Robards war bereits Vater von drei Kindern, und auch Robards und Bacall hatten noch mal ein gemeinsames Kind, einen Sohn, der am 17. Dezember 1961 geboren wurde und den sie schlicht Sam nannten – so wie der Privatdetektiv Sam Spade in *The Maltese Falcon* geheißen hatte. Wieder entschied die junge Mutter sich für Heim und Familie. Als ihr eine Rolle in einem Western mit Kirk Douglas und Rock Hudson angeboten wurde, lehnte sie, wenn auch mit Bedauern, ab. «Ich konnte mich nicht zum Gehen überreden. Hätte es eine Möglichkeit für mich gegeben, den Film in meinem Wohnzimmer zu drehen – ach, das wäre perfekt gewesen!»

Lauren Bacall zeigte sich zwar stets verwundert, wenn die Leute ihrem neuen Gatten auch eine enorme äußere Ähnlichkeit mit dem alten bescheinigten, aber tatsächlich könnten die beiden Männer mit den dunklen Haaren und den länglichen Gesichtern, der hohen Stirn, Brüder gewesen sein. Kein Wunder, daß Robards es bald satt hatte, immer nur als zweitklassiger Abklatsch des berühmten Verstorbenen angesehen zu werden. «Ich bin es leid», sagte er, «Mrs. Bogarts zweiter Ehemann zu sein.» In Lauren Bacalls Autobiographie bietet diese zweite Ehe Stoff für ein eher trauriges Kapitel. Robards war unzuverlässig – hatte sein Vorgänger sich auch unter Alkoholeinfluß noch eine gewisse Persönlichkeit bewahrt, so geriet die seine aus den Fugen. «Ich brauchte lange, bis ich merkte, daß es nichts nützte, einfach einen anderen zu heiraten. Ich heiratete schlecht und war viel einsamer, als wenn ich allein war. Seit fünf Jahren wußte ich, daß ich mich scheiden lassen würde, aber ich war emotional noch nicht so weit, es zu tun. Also wartete ich ab.» Bis zum September 1969, da wurde die Scheidung rechtskräftig. Lauren Bacall war eines Tages zufällig dahintergekommen, daß Jason Robards eine Affäre mit einer anderen Frau hatte, und es gab keinen Grund mehr für sie, noch länger abzuwarten. Bei diesem zweiten Eheversuch sollte Lauren Bacall es dann auch belassen. Sie war in guten wie in schlechten Zeiten weiterhin mit dem Mann verbunden, dem sie 1945 auf der Malabar Farm das Jawort gegeben hatte.

Vermutlich war die Ehe mit Jason Robards wie auch ihre weiteren Unternehmen, sich erneut zu binden, zum Scheitern prädestiniert, denn mochte das Leben an der Seite von Humphrey auch nicht immer eitel Sonnenschein gewesen sein, so war die eigene wie auch die öffentliche Erinnerung daran geradezu mythisch aufgeladen. Was konnte schon an die glanzvolle Vergangenheit heranreichen? «Eine romantischere Zeit als die, in der Bogie mich umwarb, und unsere ersten dreieinhalb gemeinsamen Jahre konnte es nicht geben.»

Lauren Bacall kehrte bald nach Humphrey Bogarts Tod zum Broadway zurück, wo sie dereinst ihre ersten Schritte aus Schauspielerin gemacht hatte – doch diesmal mit mehr Erfolg. Vielleicht mußte sie erst das Medium – Kino gegen Theater – vertauschen, um als Schauspielerin wieder auf eigenen Beinen zu stehen. Die Feuertaufe auf der Bühne hatte sie im Dezember 1959, als sie in einem Stück mit dem Titel *Goodbye Charlie* im Scheinwerferlicht am Broadway stand. Nach gut hundert Vorstellungen wurde das Stück wieder abgesetzt. Lauren Bacall gab selber zu, daß die Leute nicht gekommen waren, weil das Stück so besonders sei, sondern um die berühmte Witwe zu sehen. 1965 trat sie in der Komödie *Cactus Flower* auf, die mit über neunhundert Aufführungen bis November 1968 ein großer Erfolg war. Mit dem Musical *Applause,* in dem sie eine alternde Schauspielerin auf der Suche nach geeigneten Rollen spielte, wagte sie sich zwei Jahre später schließlich auch als Musicalsängerin auf die Bühne – so erfolgreich, daß sie mit dem Stück auch zwei Jahre nach London ging. *Woman of the Year,* das seit 1981 gespielt wurde, war eine Bühnenadaption des Films, in dem die Freundin Katharine Hepburn einmal die Hauptrolle gespielt hatte. Lauren Bacall schreibt in ihrer Autobiographie: «Es klingt sehr normal, aber es scheint mir, daß meine großen Erfolge auf der Bühne immer an Wendepunkten meines Lebens stattfanden. Nie geplant – es geschah einfach. Auf eine Art und Weise hat das Theater mich gerettet.»

Lauren Bacall drehte weiterhin Filme, doch der Schwerpunkt ihrer Arbeit lag auf der Bühne, und damit verlagerte sich auch ihr Lebensmittelpunkt; es war nicht länger Los Angeles, sondern New York, ihre Heimatstadt.

Die Schauspielerin, die nun weit über siebzig ist, hat ihre Karriere noch lange nicht beendet. 1997 war sie in einem Film des französischen Starintellektuellen Bernard Henri-Lévy, *Le Jour et la Nuit,* zu sehen. Der Film erwies sich als Flop, als ein regelrechtes «Berlinale-Desaster», wie die Kritiker unisono schrieben, und bei der Pressekonferenz zeigte

Als Liebespaar der dunklen, von Kriegen und Barbarei gezeichneten vierziger Jahre blieben Bogart und Bacall dem Kinopublikum gemeinsam als Garant für das Schöne, Beständige auf der Netzhaut haften. Durch seinen Tod war Humphrey Bogart zu einer gespenstischen Unsterblichkeit gelangt, welche die Frau und Schauspielerin Lauren Bacall nie wieder aus ihrem kinematographischen Schattenreich entließ.

sich die Diva denn auch recht verstimmt. Das große Staraufgebot – neben ihr spielte die französische Legende Alain Delon – konnte über die dürftige Handlung nicht hinwegtäuschen. In Robert Altmans Film *Prêt-à-porter* posiert das einstige Model lässig in einem Hosenanzug. In ihren späten Filmen wird Lauren Bacall immer wieder als die vernünftige, sorgende Frau eingesetzt. Sie ist nicht mehr die Abenteurerin, die «Moll», als die sie an der Seite von Humphrey Bogart zu sehen war. Und sie ereilt das Schicksal, das vielen in die Jahre gekommenen Schauspielerinnen widerfährt, die noch immer vor der Kamera stehen wie Anne Bancroft, Jeanne Moreau, Gena Rowlands, die angeblich am besten in Filmen ihres Mannes John Cassavetes zur Geltung kam: Sie werden von den Regisseuren als skurrile Ladies eingesetzt, haben ulkig und campy zu sein – oder werden als ein Zitat ihrer selbst engagiert.

Zu einem Problem der Schauspielerin Lauren Bacall war es geworden, daß man ihr selbst als Anhang der Ikone Bogart einen Platz in der Hollywood-Legendenbildung zugewiesen hatte – und sie doch leibhaftig weiterlebte. Zu einem Londoner Reporter sagte Lauren zwar: «Ich bin keine Legende. Um eine Legende zu werden, muß man erst tot sein!» Das stimmt nicht unbedingt: Stars wie Marlene Dietrich oder Elvis Presley waren es schon zu Lebzeiten. Lauren Bacall verkörperte den im Film Noir entwickelten Schlag Frau so perfekt, daß es mit den fünfziger Jahren schwierig für sie wurde, ein neues Leinwandimage zu finden. Sie selbst beklagte sich über die falschen Rollen, die ihr angeboten wurden – keiner der Regisseure, mit denen sie später zusammenarbeitete, schien sich so recht von dem Charakter lösen zu können, den sie einmal dargestellt hatte. Charakteristisch für diese Hypothek aus der Vergangenheit sind immer wieder solche Rückverweise wie in *Harper* (1966) [Ein Fall für Harper]: In diesem Film engagiert Lauren Bacall alias Mrs. Simpson den Privatdetektiv Lew Harper – dargestellt von Paul Newman –, damit dieser ihren spurlos verschwundenen Gatten ausfindig macht. Nicht nur die von Lauren Bacall gestellte Frage nach einem abhanden gekommenen Ehemann läßt unweigerlich an Humphrey Bogart denken, der durch den Film geistert – auch filmisch ist *Harper* ein Insider-Scherz. Mrs. Simpson, die den Detektiv anfordert, sitzt im Rollstuhl wie dereinst General Sternwood, der Auftraggeber von Philip Marlowe in *The Big Sleep*. Als Liebespaar der dunklen, von Krieg und Barbarei gezeichneten vierziger Jahre blieben Bogart und Bacall dem Kinopublikum gemeinsam als Garant für das Schöne, Beständige auf der Netzhaut haften. Durch seinen Tod war Humphrey Bogart zu einer gespenstischen Unsterblichkeit gelangt, welche die Frau und Schauspielerin Lauren Bacall nie wieder aus ihrem kinematographischen Schattenreich entließ.

«Bogart ist seit dreizehn Jahren tot. Ich lebe immer noch. Ich habe drei Kinder, und Witwe zu sein ist nicht gerade ein Beruf, wissen Sie. Aber die Leute sind so verdammt unsensibel. Sie können sich nicht vorstellen, bis zu welchem Punkt sie Dinge ausschlachten, die der Vergangenheit angehören. Ich finde das so morbide. Was heißt das, ein Teil von etwas Vergangenem zu sein?» Der Interviewer, dem sie dies sagte, war sich zu Recht nicht sicher, ob Lauren Bacall das ganz ernst meinte – es müsse doch ein gewisses Vergnügen darin liegen, ein Kulturgut der vierziger Jahre zu sein und zu wissen, daß das eigene Gesicht millionenfach auf Kultplakaten zu sehen sei. Sosehr sich Lauren Bacall auch gegen die Identifikation mit Humphrey Bogart und einer anderen Generation wehrt, sie trägt selbst zu der Paar-Mythenbildung bei. In einer Fernsehsendung mit dem Titel *Bacall on Bogart* zeigte sie sich als Hüterin des Schreins, in dem die Ikone Bogey aufbewahrt wird. Nichts läßt sie auf Humphrey kommen, sie stellt ihn dar wie einen Heiligen, einen perfekten Ehemann und disziplinierten Schauspieler. Sie kratzt nicht am schönen Bild der gemeinsamen Jahre, wahrt das Gesicht und gibt ein stereotypes, lackiertes Bild der Beziehung: Das Familienleben war immer harmonisch, sie waren sich treu bis in den Tod, Bogarts Alkoholismus ist kein Thema, kurzum, es hat niemals Probleme in den zwölf Ehejahren gegeben. «Egal wohin die Zeit uns treibt, die Liebe bleibt.»

Literaturhinweise

James Agee, Agee on Film. Vol. I und II, New York: Perigee Books, 1983.

Woody Allen, ‹Der Falke im Malteser› in: Ohne Leit kein Freud, Reinbek: Rowohlt, 1981, S. 37.

Alen G. Barvour, Humphrey Bogart. Seine Filme – sein Leben. München: Heyne, 1973.

Hans C. Blumenberg, Die Kamera in Augenhöhe. Begegnungen mit Howard Hawks. Köln: Du Mont, 1979.

Allen Eyles, Humphrey Bogart. London: Sphere Books, 1975.

Lauren Bacall, By myself. Ballantine, New York, 1978. Deutsch: dies., Mein Leben, München: Heyne, 1992.

Lauren Bacall, Now. New York: Ballantine, 1994. Deutsch: dies., Die Rollen meines Lebens. Erinnerungen. Düsseldorf und München: Econ, 1998.

Nathaniel Benchley, Humphrey Bogart. Little, Boston und Toronto: Brown & Co, 1975.

Barbara Bernauer, «Überprüfung eines Mythos». In *Frankfurter Rundschau*, 23. Februar 1967.

Gregory D. Black, Hollywood censored. Morality Code, Catholics and the Movies, New York: Cambridge University Press, 1994.

Stephen Bogart, Mein Vater Humphrey Bogart. München: Econ, 1995.

Louise Brooks, Lulu in Berlin und Hollywood. Frankfurt/M.: Fischer, 1986.

Marie Cahill, Humphrey Bogart. A Hollywood Portrait. New York: Smithmark, 1992.

Jonathan Coe, Humphrey Bogart. Take it & like it. London: Bloomsbury, 1991.

Umberto Eco, ‹Casablanca oder Die Wiedergeburt der Götter›. In: Über Gott und die Welt. München: Hanser, 1986.
Barry Farrell, ‹Applause for Bacall›. In: *Life Magazine*, April 3, 1970, S. 54A–54D.
Ezra Goodman, Bogey. The good-bad guy. New York: Lyle Stuart, 1965.
Ezra Goodman, Humphrey Bogart. Porträt einer Kinolegende. München: Heyne, 1993.
Howard Greenberger, Bogey's Baby. New York: St. Martin's Press, 1976.
Peter Härtling, Hubert oder Die Rückkehr nach Casablanca. Roman, Frankfurt/M.: Fischer, 1978.
Aljean Harmetz, Round up the usual Suspects. The Making of Casablanca – Bogart, Bergman and World War II. New York: Harmetz, 1992.
Adolf Heinzlmeier u. a., Die Unsterblichen des Kinos. Band 2: Glanz und Mythos der Stars der 40er und 50er Jahre. Frankfurt/M.: Fischer, 1980.
Adolf Heinzlmeier u. a., Das Humphrey Bogart Fan-Buch. Hamburg: Rasch und Röhring, 1984.
Adolf Heinzlmeier u. a., Kino der Nacht. Hollywoods Schwarze Serie. Hamburg: Rasch und Röhring, 1985.
Katharine Hepburn, The Making of the African Queen or How I went to Africa with Bogart, Bacall and Huston and almost lost my Mind. New York: Alfred A. Knopf, 1987.
John Huston, An open Book. New York: Ballantine Books, 1981.
Joe Hyams, Humphrey Bogart und Lauren Bacall. Mit einem Vorwort von Paul Werner. Frankfurt/M.: Fischer, 1983.
Peter W. Jansen und Wolfram Schütte (Hg.), Humphrey Bogart. München: Hanser, 1976.
Slim Keith und Annette Tapert, Slim. New York: Simon & Schuster, 1990.
John Kobal, People will talk. New York: Alfred A. Knopf, 1985.

Peter Körte, Humphrey Bogart. Reinbek: Rowohlt, 1982.
Eric Lax und Ann M. Sperber, Bogart. New York: William Morrow & Co, 1997.
Dominique Lebrun, Hollywood. Paris: Hazan, 1996.
Michel Lebrun, Woody Allen. Seine Filme – sein Leben. München: Heyne, 1980.
Claudia Lenssen, ‹Der Besuch der alten Damen›. In: *Tip* 16/98, S. 48–50.
Joseph McBride, Hawks on Hawks. Berkeley: University of California Press, 1982.
Clifford McCarty, Bogey. The Films of Humphrey Bogart, New Jersey: The Citadel Press, 1965.
Brian Neve, Film and Politics in America. A social Tradition. London und New York: Routledge, 1992.
Lawrence J. Quirk, Lauren Bacall. Her Films and Career. New York: Citadel Press, 1986.
Georg Seeßlen, (Roloff, Bernhard und Georg Seeßlen, Hg.), Der Asphalt-Dschungel. Geschichte und Mythologie des Gangster-Films. Reinbek: Rowohlt, 1980.
Richard Schickel, The Men who made the Movies. New York: Atheneum, 1975.
Whitney Stine, «I'd love to kiss you ...» Conversations with Bette Davis. New York: Pocket Books, 1990.
John Russell Taylor, Fremde im Paradies. Emigranten in Hollywood 1933–1950. Berlin: Siedler, 1984.
Andrea Thain und Michael O. Huebner, Humphrey Bogart. Der Mann hinter der Maske. Reinbek: Wunderlich, 1996.
Verita Thompson und Donald Shepherd, Bogie and Me: A Love Story. New York: St. Martin's Press, 1982. Deutsch: Ich seh' dir in die Augen, Kleines. Meine aufregendsten Jahre mit Humphrey Bogart. München: Heyne, 1984.
David Thomson, The Big Sleep. London: British Film Institute, 1997.
Traumfabrik. Die Kunst der Filmphotographie. Photographien aus dem Filmhistorischen Bildarchiv Peter W. En-

gelmeier, München. Katalog. Köln: Museum Ludwig Köln u. a., 1990.

François Truffaut, Portrait d'Humphrey Bogart. In: Les films de ma vie. Paris: Seuil, 1975.

Peter Viertel, Dangerous Friends. At Large with Huston and Hemingway in the Fifties. New York: Doubleday, 1992.

Michael Walsh, Für immer Casablanca. München: Schneekluth, 1998.

Jack L. Warner, My first hundred Years in Hollywood. New York: Random House, 1964.

Sperling Cass Warner u. a., The Warner Brothers Story. Rocklin: Prima Publishing, 1994.

Donald C. Willis, The Films of Howard Hawks. Metuchen, New Jersey: The Scarecrow Press, 1975.

Naomi Wise, ‹The Hawksian Woman›. Take One. April 1972. Deutsch in Filmkritik, Mai/Juni 1973.

Cornelia Zumkeller, Bogart & Bacall. München: Heyne, 1993.

Danksagung

Mein Dank für Inspiration und Manuskriptlektüre gilt Carsten Fedderke, Lothar Jadzinski, Helmut Merschmann, Bernd Mühlmeyer, Jens Rosteck und Douglas Blair Turnbaugh.

Bildnachweis

Ullstein Bilderdienst: 53, 91, 102, 113, 121
Archiv für Kunst und Geschichte: 109
Keystone Pressedienst: 131, 137
Aus: Jonathan Coe, *Humphrey Bogart*, Paris 1992: 19, 42, 43 (beide)
Aus: Lawrence J. Quirk, *Lauren Bacall, Her Films and Career*, Citadel Press 1986: 25, 65, 82, 147

Leider konnten die Rechteinhaber nicht in allen Fällen ermittelt werden; Betroffene mögen ihre Ansprüche bitte dem Verlag gegenüber geltend machen.

Unda Hörner
Louis Aragon und Elsa Triolet
Die Liebenden des Jahrhunderts

Eckart Klessmann
Fürst Pückler und Machbuba
Gesellschaftlicher Skandal und Eklat des Herzens

Joachim Köhler
Friedrich Nietzsche und Cosima Wagner
Die Schule der Unterwerfung

Christa Maerker
Marilyn Monroe und Arthur Miller
Eine Nahaufnahme

Renate Möhrmann
Tilla Durieux und Paul Cassirer
Bühnenglück und Liebestod

Renate Möhrmann
Ingrid Bergman und Roberto Rossellini
Eine Liebes- und Beutegeschichte

Rowohlt · Berlin

PAARE Lebensläufe zu zweit

Bernd Neumann
Hannah Arendt und Heinrich Blücher
Ein deutsch-jüdisches Gespräch

Justus Noll
Ludwig Wittgenstein und David Pinsent
Die andere Liebe des Philosophen

Alan Posener
John F. und Jacqueline Kennedy
Das Königspaar im Weißen Haus

Stephan Reimertz
Max Beckmann und Minna Tube
Eine Liebe im Porträt

Walter van Rossum
Simone de Beauvoir und Jean-Paul Sartre
Die Kunst der Nähe

Friedrich Rothe
Arthur Schnitzler und Adele Sandrock
Theater über Theater

Rowohlt · Berlin

Helma Sanders-Brahms
Gottfried Benn und Else Lasker-Schüler
Giselheer und Prinz Jussuf

Maria Seidemann
Rosa Luxemburg und Leo Jogiches
Die Liebe in den Zeiten der Revolution

Carola Stern
Isadora Duncan und Sergej Jessenin
Der Dichter und die Tänzerin

Kyra Stromberg
F. Scott und Zelda Fitzgerald
Ein amerikanischer Traum

Matthias Wegner
Carola Neher und Klabund
Eine Geschichte von Liebe und Tod

James Woodall
John Lennon und Yoko Ono
Zwei Rebellen – eine Poplegende

Rowohlt · Berlin